Den Alltag meistern mit ADHS

Manfred Döpfner
Tanja Wolff Metternich-Kaizman
Christina Dose
Josepha Katzmann
Laura Mokros
Kristin-Katharina Scholz
Stephanie Schürmann

Den Alltag meistern mit ADHS

Das Arbeitsbuch für Eltern von Kindergartenkindern

hogrefe

Prof. Dr. sc. hum., Dipl.-Psych. Manfred Döpfner, geb. 1955. Seit 1989 Leitender Psychologe an der Klinik und Poliklinik für Psychiatrie, Psychosomatik und Psychotherapie des Kindes- und Jugendalters der Universität zu Köln und dort seit 1999 Professor für Psychotherapie in der Kinder- und Jugendpsychiatrie sowie Leiter des Ausbildungsinstituts für Kinder- und Jugendlichenpsychotherapie (AKiP).

Dr. rer. medic., Dipl.-Psych. Tanja Wolff Metternich-Kaizman, geb. 1968. Psychologische Psychotherapeutin. Seit 1995 wissenschaftliche Mitarbeiterin in der Klinik und Poliklinik für Psychiatrie, Psychosomatik und Psychotherapie des Kindes- und Jugendalters und seit 1999 Dozentin und Supervisorin am Ausbildungsinstitut für Kinder- und Jugendlichenpsychotherapie (AKiP) an der Uniklinik Köln.

Dr. rer. medic., Dipl.-Psych. Christina Dose, geb. 1985. Psychologische Psychotherapeutin für Verhaltenstherapie. Seit 2012 wissenschaftliche Mitarbeit am Ausbildungsinstitut für Kinder- und Jugendlichenpsychotherapie (AKiP) an der Uniklinik Köln.

Dr. rer. medic., Dipl.-Psych. Josepha Katzmann, geb. 1984. Kinder- und Jugendlichenpsychotherapeutin. Von 2009 bis 2013 und von 2016 bis 2019 wissenschaftliche Mitarbeit am Ausbildungsinstitut für Kinder- und Jugendlichenpsychotherapie (AKiP) an der Uniklinik Köln. 2013–2017 Psychologin in der Institutsambulanz der Kinder- und Jugendpsychiatrie des St. Marien Hospital in Düren. Seit 2019 niedergelassen in eigener Praxis in Düsseldorf.

Dr. rer. medic., Dipl.-Psych. Laura Mokros, geb. 1985. Kinder- und Jugendlichenpsychotherapeutin. Von 2009 bis 2012 wissenschaftliche Mitarbeit am Ausbildungsinstitut für Kinder- und Jugendlichenpsychotherapie (AKiP) an der Uniklinik Köln. Seit 2017 Wissenschaftliche Mitarbeiterin (Post-Doc) in der Forschungsabteilung der LWL Universitätsklinik Hamm.

Dr. rer. medic., Dipl.-Psych. Kristin-Katharina Scholz, geb. 1982. Kinder- und Jugendlichenpsychotherapeutin. 2013 bis 2016 wissenschaftliche Mitarbeit am Ausbildungsinstitut für Kinder- und Jugendlichenpsychotherapie (AKiP) an der Uniklinik Köln. 2017–2019 wissenschaftliche Referentin bei der Psychotherapeutenkammer NRW. Seit 2019 niedergelassen in eigener Praxis in Duisburg.

Dr. rer. medic., Dipl.-Psych. Stephanie Schürmann, geb. 1967. Psychologische Psychotherapeutin. Seit 1992 wissenschaftliche Mitarbeiterin in der Klinik und Poliklinik für Psychiatrie, Psychosomatik und Psychotherapie des Kindes- und Jugendalters und seit 1999 Dozentin und Supervisorin am Ausbildungsinstitut für Kinder- und Jugendlichenpsychotherapie (AKiP) an der Uniklinik Köln.

Bibliografische Information der Deutschen Nationalbibliothek
Die Deutsche Nationalbibliothek verzeichnet diese Publikation in der Deutschen Nationalbibliografie; detaillierte bibliografische Daten sind im Internet über http://dnb.dnb.de abrufbar.

Hogrefe Verlag GmbH & Co. KG
Merkelstraße 3
37085 Göttingen
Deutschland
Tel. +49 551 999 50 0
Fax +49 551 999 50 111
info@hogrefe.de
www.hogrefe.de

Umschlagabbildung: © iStock.com by Getty Images / MNStudio
Satz: Franziska Stolz, Hogrefe Verlag GmbH & Co. KG, Göttingen
Illustrationen: Klaus Gehrmann, Freiburg; www.klausgehrmann.net
Druck: Finidr, s.r.o., Český Těšín
Printed in Czech Republic
Auf säurefreiem Papier gedruckt

1. Auflage 2022

978-3-8017-3051-2

Inhaltsverzeichnis

Vorwort

Liebe Eltern,

wir freuen uns sehr, dass Sie sich für die Arbeit mit unserem Programm „Den Alltag meistern mit ADHS“ entschieden haben!

Mit diesem Arbeitsbuch möchten wir Sie dabei unterstützen, Lösungs- und Bewältigungsansätze für den Umgang mit dem unaufmerksamen, unruhigen, impulsiven oder auch oppositionellen oder aggressiven Verhalten Ihres Kindes zu finden, um die Verhaltensprobleme letztlich zu vermindern. Dazu möchten wir Ihnen einige Tipps geben, worauf Sie bei der Erziehung Ihres Kindes achten können. Auf den folgenden Seiten finden Sie zunächst Antworten auf einige wichtige Fragen zu unserem Programm und Informationen zum Vorgehen bei der Arbeit mit diesem Buch. Bitte beschäftigen Sie sich einmal mit den „Grundlagen und Anwendungshinweisen“, bevor Sie mit der Lektüre der weiteren Kapitel starten.

Das eigene Erziehungsverhalten zu überdenken und zu verändern, kostet viel Energie. Haben Sie ruhig den Mut, die von uns vorgeschlagenen Maßnahmen auszuprobieren, auch wenn es Ihnen vielleicht manchmal schwerfällt. Es ist nicht selbstverständlich, dass Sie als Eltern diese Energie investieren! Bedenken Sie zudem, dass Veränderungen Zeit brauchen. Seien Sie nicht entmutigt, wenn nicht alles direkt so läuft, wie Sie es sich wünschen – um Veränderungen zu erreichen, ist es notwendig, dass Sie die vorgeschlagenen Maßnahmen regelmäßig und langfristig anwenden. So kann Ihr Kind lernen, Ihre Reaktionen auf sein Verhalten richtig einzuschätzen. Erwarten Sie von sich selbst und Ihrem Kind keine Wunder, jeder Schritt in die richtige Richtung ist ein wichtiger Schritt!

Wir hoffen, dass wir Ihnen einige hilfreiche Tipps geben können, um einen günstigeren Umgang mit den Verhaltensproblemen Ihres Kindes zu finden, und wünschen Ihnen und Ihrer Familie viel Erfolg bei der Arbeit mit diesem Buch!

Grundlagen und Anwendungshinweise

Für wen eignet sich dieses Arbeitsbuch?

Dieses Arbeitsbuch haben wir für Eltern von unaufmerksamen, unruhigen und impulsiven Kindergartenkindern im Alter von etwa 3 bis 6 Jahren geschrieben. Dies können Kinder mit einer bereits diagnostizierten Aufmerksamkeitsdefizit-/Hyperaktivitätsstörung (ADHS) sein, aber auch Kinder, bei denen Unaufmerksamkeit, Unruhe oder Impulsivität zu beobachten sind, ohne dass eine formale Diagnose vorliegt. Vor der Einschulung ist es manchmal schwierig, die Diagnose einer ADHS eindeutig zu stellen. Wenn Kinder im Vorschulalter jedoch im Vergleich zu Gleichaltrigen ein erhöhtes Maß an Unaufmerksamkeit, Unruhe oder Impulsivität zeigen, ist es günstig, sie bereits früh zu unterstützen. Dieses Buch kann zudem hilfreich sein für Eltern von Kindern in diesem Alter, die ein ausgeprägtes oppositionelles und verweigerndes Verhalten zeigen und sich nicht an Regeln halten können. Viele Kinder mit ADHS zeigen auch zusätzlich solche Verhaltensauffälligkeiten. Für andere Altersgruppen sowie für Pädagoginnen und Pädagogen gibt es noch weitere Arbeitsbücher (Hinweise siehe S. 11).

Was ist das Ziel dieses Arbeitsbuches?

Wir wollen Eltern von Kindergartenkindern mit den genannten Problemen helfen, die Verhaltensprobleme in der Familie im Alltag besser zu bewältigen und dadurch zu vermindern.

Wie genau gehe ich bei der Arbeit mit diesem Buch vor?

Das Arbeitsbuch setzt sich aus verschiedenen Bausteinen zusammen, die Sie schrittweise nacheinander bearbeiten sollten. Nach unseren Erfahrungen hat es sich bewährt, einen Baustein in etwa ein bis zwei Wochen zu bearbeiten. Dies ist aber je nach familiärer Situation und auch zusätzlichen Aufgaben und Belastungen, die Sie haben, unterschiedlich, sodass Sie selbst ausprobieren sollten, welches Tempo für Sie günstig ist. Für das Lesen und Bearbeiten eines Bausteins sollten Sie sich etwa einen Abend in Ruhe Zeit nehmen. Es ist günstig, wenn Sie in dieser Zeit keine anderen Erledigungen machen müssen und auch Ihr Kind schläft oder anderweitig betreut ist/Ihre Kinder schlafen oder anderweitig betreut sind. Es ist wichtig, dass Sie die Bausteine Schritt für Schritt bearbeiten, da die einzelnen Maßnahmen aufeinander aufbauen und in den ersten Bausteinen wichtige Grundlagen und Voraussetzungen für die Maßnahmen aus den weiteren Bausteinen gelegt werden. Auch sollten Sie sich zunächst auf wenige Verhaltensprobleme konzentrieren, anhand derer Sie die von uns vorgeschlagenen Techniken ausprobieren und einüben. So vermeiden Sie, sich selbst und Ihr Kind zu überfordern, und werden mit einer höheren Wahrscheinlichkeit schon bald Erfolge bemerken. Zu einem späteren Zeitpunkt können Sie dann die erlernten Techniken auch auf weitere Verhaltensprobleme Ihres Kindes anwenden.

Besonders möchten wir darauf hinweisen, dass die Maßnahmen aus Baustein 3, in dem es um die Förderung einer positiven Beziehung zu Ihrem Kind geht, während der ganzen Zeit der Arbeit mit diesem Buch (und darüber hinaus) umgesetzt werden sollten. Eine positive Eltern-Kind-Beziehung ist eine wichtige Voraussetzung für das Gelingen der weiteren Bausteine. Zudem sollten Sie beachten, dass es vor dem Einsatz negativer Konsequenzen (Baustein 6) im ersten Schritt immer wichtig ist, erwünschtes Verhalten durch Lob und positive Konsequenzen (Baustein 5) zu verstärken. Nur so kann sich das Verhalten Ihres Kindes dauerhaft festigen!

Am Ende der Bausteine finden Sie jeweils einige Arbeitsblätter und sogenannte „Memokarten", die Sie bei der Erarbeitung der von uns vorgeschlagenen Schritte und der Umsetzung dieser Schritte im Alltag unterstützen sollen. Diese können Sie direkt im Buch ausfüllen. Zusätzlich können Sie die Materialien im Internet auf der Seite hgf.io/download herunterladen (s. Seite 173), um sie später auch für weitere Problemsituationen anwenden zu können.

Können durch die Maßnahmen aus diesem Buch auch Probleme meines Kindes im Kindergarten vermindert werden?

In der Regel wirken Behandlungsmaßnahmen für ADHS-Probleme in dem Bereich, in dem sie angewendet werden. Daher empfehlen auch aktuelle Leitlinien, bei der Behandlung der ADHS in den Bereichen anzusetzen, in denen die Probleme auftauchen, d. h. beispielsweise im familiären Rahmen, wenn es Probleme in der Familie gibt, oder im Kindergarten, wenn Verhaltensprobleme dort (oder auch dort) auftauchen. Es ist also nicht unbedingt zu erwarten, dass sich auch Probleme im Kindergarten vermindern, wenn Sie mit diesem Buch arbeiten und es Ihnen gelingt, Verhaltensänderungen Ihres Kindes zu Hause zu erreichen. Für den Kindergartenbereich gibt es allerdings ein weiteres Arbeitsbuch, das ergänzend zu Ihrer Arbeit mit diesem Buch eingesetzt werden kann:

> Döpfner, M., Plück, J., Dose, C., Eichelberger, I., Schürmann, S. & Wolff Metternich-Kaizman, T. (2021). *Den Alltag meistern mit ADHS. Das Arbeitsbuch für pädagogische Fachkräfte von Kindern im Alter von 3 bis 6 Jahren*. Göttingen: Hogrefe.

Wie kann das Arbeitsbuch eingesetzt werden?

Zunächst einmal kann das Buch von Ihnen als Eltern eigenständig eingesetzt werden, wenn Sie anhand der enthaltenen Bausteine Schritt für Schritt die Verhaltensprobleme Ihres Kindes angehen möchten. Eine weitere Möglichkeit besteht darin, dieses Arbeitsbuch unter Anleitung einer erfahrenen Fachkraft anzuwenden, beispielsweise unter Anleitung einer Psychotherapeutin/eines Psychotherapeuten oder einer Ärztin/eines Arztes oder auch einer pädagogischen Fachkraft. Dieses Arbeitsbuch kann dabei auch in Ergänzung zu anderen Behandlungsoptionen eingesetzt werden, beispielsweise zusätzlich zu einer (im Vorschulalter sehr seltenen) medikamentösen Therapie oder zu psychotherapeutischen Maßnahmen.

Kann das Arbeitsbuch auch eine Therapie ersetzen?

Das Arbeitsbuch kann Ihnen dabei helfen, die Verhaltensprobleme Ihres Kindes genau zu betrachten und Lösungsansätze für diese zu finden. Manchmal sind Probleme jedoch sehr festgefahren, die Symptomatik sehr stark oder es treten zusätzliche Probleme auf, sodass Selbsthilfemaßnahmen nicht ausreichen und eine intensivere Therapie notwendig wird. Dieses Arbeitsbuch kann eine solche Therapie nicht ersetzen – denkbar wäre aber, das Arbeitsbuch ergänzend zu einer Therapie oder auch im Rahmen einer Therapie einzusetzen. Dabei können einzelne Bausteine auch mit dem jeweiligen Therapeuten oder der jeweiligen Therapeutin besprochen oder vertieft werden.

Was sind die Grundlagen dieses Arbeitsbuches?

Dieses Arbeitsbuch basiert auf dem *Therapieprogramm für Kinder mit hyperkinetischem und oppositionellem Problemverhalten: THOP* (Döpfner, Schürmann & Frölich, 2019), das oft von Therapeuten in der Behandlung von Kindern mit unaufmerksamem, unruhigem und impulsivem, aber auch oppositionellem Verhalten eingesetzt wird. Die Wirkung dieses Programms wurde mit guten Ergebnissen in mehreren Studien wissenschaftlich überprüft. Zudem basieren die Inhalte dieses Arbeitsbuches auf dem Elternratgeber *Wackelpeter & Trotzkopf* (Döpfner & Schürmann, 2017), in dem Eltern, ähnlich wie in diesem Buch, darin unterstützt werden, einen Umgang mit den Verhaltensproblemen ihres Kindes zu finden. Eine weitere Quelle ist das *Präventionsprogramm für Expansives Problemverhalten: PEP* (Plück, Wieczorrek, Wolff Metternich-Kaizman & Döpfner, 2006), ein von Therapeuten eingesetztes Manual für Eltern- und Erziehergruppen.

Wie wirkungsvoll sind die vorgeschlagenen Maßnahmen?

Wir haben in den letzten Jahren in mehreren wissenschaftlichen Untersuchungen überprüft, ob die Inhalte dieses Arbeitsbuches – in Verbindung mit einer telefonischen Unterstützung und Beratung – Eltern von Kindern mit Verhaltensproblemen wirklich helfen können. Bei dieser sogenannten angeleiteten Selbsthilfe erhielten die Eltern das Buch *Wackelpeter & Trotzkopf* (oder davon abgeleitete Elternhefte, deren Inhalte den Inhalten dieses Buches entsprachen) zum eigenständigen Durcharbeiten. Zusätzlich erhielten sie in mehreren Telefonaten mit einer erfahrenen Therapeutin eine weitere Unterstützung. In diesen Studien konnten wir zeigen, dass eine solche angeleitete Selbsthilfe für Eltern von Kindern, die oppositionelles, hyperaktives, impulsives oder unaufmerksames Verhalten zeigen, hilfreich ist:

- Bei Kindern im Alter von 3 bis 6 Jahren, die im Vergleich zu Gleichaltrigen ein erhöhtes Maß an unaufmerksamem, unruhigem, impulsivem oder auch oppositionellem oder aggressivem Problemverhalten aufwiesen, konnten die Verhaltensprobleme durch eine angeleitete Selbsthilfe verbessert werden (Kierfeld et al., 2013). Diese Verbesserung erwies sich ein Jahr nach Behandlungsende als stabil (Ise, Kierfeld & Döpfner, 2015).
- Bei Kindern im Alter von 6 bis 15 Jahren, die für eine Behandlung in einer Klinik vorgestellt wurden, ließen sich deutliche Verminderungen der Verhaltensprobleme im Verlauf der Selbsthilfe beobachten (Kierfeld & Döpfner, 2006).
- In einer bundesweiten Studie konnten bei Kindern im Alter von 6 bis 12 Jahren, die wegen einer Aufmerksamkeitsdefizit-/Hyperaktivitätsstörung (ADHS) bei Kinderärzten in Behandlung waren, basierend auf dem Urteil der Eltern im Verlauf der Selbsthilfe deutliche Verminderungen der Verhaltensprobleme gezeigt werden. Die Eltern berichteten von einer großen Zufriedenheit mit dem Selbsthilfeprogramm (Mokros et al., 2015). In einer Nachuntersuchung mehr als ein Jahr nach Behandlungsende konnte zudem gezeigt werden, dass sich die erzielten Effekte stabilisiert hatten (Döpfner et al., 2021).
- Bei Kindern mit einer Aufmerksamkeitsdefizit-/Hyperaktivitätsstörung (ADHS) im Alter von 6 bis 12 Jahren, die trotz einer medikamentösen Therapie noch Verhaltensauffälligkeiten zeigten, konnten diese Probleme durch die angeleitete Selbsthilfe weiter vermindert werden (Dose et al., 2017). Auch von Eltern zu Beginn der Intervention individuell definierte Probleme des Kindes konnten im Verlauf deutlich vermindert werden (Dose et al., 2020).
- In einer weiteren Studie mit Kindern mit unaufmerksamem, unruhigem, impulsivem oder auch oppositionellem oder aggressivem Problemverhalten im Alter von 4 bis 11 Jahren konnte gezeigt werden, dass eine angeleitete Selbsthilfe auf der Grundlage der Inhalte dieses Arbeitsbuches tendenziell einer anderen Form der angeleiteten Selbsthilfe überlegen ist. Dabei zeigten sich im weiteren Verlauf keine Unterschiede zwischen beiden Formen der Selbsthilfe mehr und beide Formen waren gleichermaßen wirkungsvoll (Hautmann et al., 2018).

Gibt es noch weitere Hilfen bei der Anwendung dieses Arbeitsbuches?

Wir können Ihnen noch zwei weitere Hilfen anbieten, die Ihnen bei der Umsetzung der Empfehlungen in diesem Buch helfen können:

- Basierend auf *Wackelpeter & Trotzkopf* haben wir die App *ADHS-Kids: Eltern helfen ihren hyperaktiven und trotzigen Kindern* (für iOS und Android in den jeweiligen App-Stores erhältlich) entwickelt. Diese App kann Sie dabei unterstützen, problematische Situationen im Familienalltag in den Griff zu bekommen.
- Der *ADHS-Elterntrainer* ist ein kostenloses Online-Selbsthilfeprogramm der AOK Gesundheitskasse, das auf den gleichen Prinzipien beruht wie das vorliegende Arbeitsbuch (ADHS-Elterntrainer: https://adhs.aok.de/). Sie haben dort die Möglichkeit, typische Problemsituationen und die Umsetzung der Empfehlungen, die auch Thema dieses Buches sind, anhand von kleinen Filmsequenzen zu betrachten. Sie können sich dort nochmals konkrete Lösungsmöglichkeiten für die alltäglichen Probleme anschauen.

Gibt es weitere Arbeitsbücher für andere Altersgruppen und gibt es auch Arbeitsbücher für Pädagoginnen und Pädagogen?
Ja, es wurden Selbsthilfe-Arbeitsbücher für verschiedene Altersgruppen entwickelt. Neben den Selbsthilfe-Arbeitsbüchern für Eltern gibt es für das Vorschul- und Schulalter Arbeitsbücher für pädagogische Fachkräfte.

Für Bezugspersonen von Kindern im Kindergartenalter:

> **Das vorliegende Arbeitsbuch →** Döpfner, M., Wolff Metternich-Kaizman, T., Dose, C., Katzmann, J., Mokros, L., Scholz, K. & Schürmann, S. (2022). *Den Alltag meistern mit ADHS. Das Arbeitsbuch für Eltern von Kindergartenkindern*. Göttingen: Hogrefe.
>
> Döpfner, M., Plück, J., Dose, C., Eichelberger, I., Schürmann, S. & Wolff Metternich-Kaizman, T. (2021). *Den Alltag meistern mit ADHS. Das Arbeitsbuch für pädagogische Fachkräfte von Kindern im Alter von 3 bis 6 Jahren*. Göttingen: Hogrefe.

Für Bezugspersonen von Schulkindern im Alter von 6 bis 12 Jahren:

> Döpfner, M., Dose, C., Katzmann, J., Mokros, L., Scholz, K., Schürmann, S. & Wolff Metternich-Kaizman, T. (2021). *Den Alltag meistern mit ADHS. Das Arbeitsbuch für Eltern von Schulkindern*. Göttingen: Hogrefe.
>
> Döpfner, M., Eichelberger, I., Dose, C., Hanisch, C., Schürmann, S. & Wolff Metternich-Kaizman, T. (2021). *Den Alltag meistern mit ADHS. Das Arbeitsbuch für Lehrkräfte von Kindern im Alter von 6 bis 12 Jahren.* Göttingen: Hogrefe.

Literatur

Döpfner, M., Liebermann-Jordanidis, H., Kinnen, C., Hallberg, N., Mokros, L., Benien, N. ... & Dose, C. (2021). Long-term effectiveness of guided self-help for parents of children with ADHD in routine care – an observational study. *Journal of Attention Disorders, 25*, 265–274.

Döpfner, M. & Schürmann, S. (2017). *Wackelpeter & Trotzkopf. Hilfen für Eltern bei ADHS-Symptomen, hyperkinetischem und oppositionellem Verhalten* (5., aktualisierte Auflage). Weinheim: Beltz.

Döpfner, M., Schürmann, S. & Frölich, J. (2019). *Therapieprogramm für Kinder mit hyperkinetischem und oppositionellem Problemverhalten: THOP* (6., überarbeitete Auflage). Weinheim: Beltz.

Dose, C., Hautmann, C., Buerger, M., Schuermann, S., Woitecki, K. & Doepfner, M. (2017). Telephone-assisted self-help for parents of children with attention-deficit/hyperactivity disorder who have residual functional impairment despite methylphenidate treatment: a randomized controlled trial. *Journal of Child Psychology and Psychiatry, 58*, 682–690.

Dose, C., Waschau, F., von Wirth, E. & Döpfner, M. (2020). The improvement of individually defined problem behaviors during a telephone-assisted self-help intervention for parents of pharmacologically treated children with ADHD. *Zeitschrift für Kinder- und Jugendpsychiatrie und Psychotherapie, 48,* 215-223. https://doi.org/10.1024/1422-4917/a000726

Hautmann, C., Dose, C., Duda-Kirchhof, K., Greimel, L., Hellmich, M., Imort, S. ... & Döpfner, M. (2018). Behavioral versus nonbehavioral guided self-help for parents of children with externalizing disorders in a randomized controlled trial. *Behavior Therapy, 49,* 951–965.

Ise, E., Kierfeld, F. & Döpfner, M. (2015). One-year follow-up of guided self-help for parents of preschool children with externalizing behavior. *Journal of Primary Prevention, 36,* 33–40.

Kierfeld, F. & Döpfner, M. (2006). Bibliotherapie als Behandlungsmöglichkeit bei Kindern mit externalen Verhaltensstörungen. *Zeitschrift für Kinder- und Jugendpsychiatrie und Psychotherapie, 34,* 377–386.

Kierfeld, F., Ise, E., Hanisch, C., Görtz-Dorten, A. & Döpfner, M. (2013). Effectiveness of telephone-assisted parent-administered behavioural family intervention for preschool children with externalizing behaviour: a randomized controlled trial. *European Child and Adolescent Psychiatry, 22,* 553–565.

Mokros, L., Benien, N., Mütsch, A., Kinnen, C., Schürmann, S., Wolff Metternich-Kaizman, T. ... & Döpfner, M. (2015). Angeleitete Selbsthilfe für Eltern von Kindern mit Aufmerksamkeitsdefizit-/Hyperaktivitätsstörung: Konzept, Inanspruchnahme und Effekte eines bundesweiten Angebotes – eine Beobachtungsstudie. *Zeitschrift für Kinder- und Jugendpsychiatrie und Psychotherapie, 43,* 275–288.

Plück, J., Wieczorrek, E., Wolff Metternich-Kaizman, T. & Döpfner, M. (2006). *Präventionsprogramm für Expansives Problemverhalten (PEP). Ein Manual für Eltern- und Erziehergruppen*. Göttingen: Hogrefe.

Baustein 1

Wir nehmen die Probleme unter die Lupe

Materialien zum Baustein 1

Arbeitsblatt 1: Elternfragebogen über Problemsituationen in der Familie

Arbeitsblatt 2: Analysebogen – Verhaltensauffälligkeiten meines Kindes (2x)

Arbeitsblatt 3: Problemliste – Verhaltensprobleme meines Kindes in der Familie

Arbeitsblatt 4: Probleme und Stärken in unserer Familie

→ Sie finden die Materialien am Ende des Bausteins (s. Seite 30) und als PDF-Download (s. Seite 173).

Kennen Sie das?

Paul ist eine richtige kleine Nervensäge! Den ganzen Tag ist er auf Achse und macht nur Probleme. Schon beim Aufstehen fängt das Theater an: Er will nicht aus dem Bett, wenn er in den Kindergarten soll, er wäscht oder kämmt sich noch nicht alleine, das Zähneputzen funktioniert nur in einem „Nahkampf". Nur selten schafft er es, sich auch nur ein Kleidungsstück alleine anzuziehen. Er trödelt stattdessen nur, beginnt scheinbar wahllos verschiedene Spiele oder rennt einfach umher. Schon nach kurzer Zeit ist Pauls Mutter völlig fertig mit den Nerven. Außerdem macht Paul einfach nicht, was sie sagt: „Paul, turne nicht so nah an der Heizung herum, komm da weg!", das geht ins linke Ohr hinein und rechts wieder hinaus. Pauls Mutter wiederholt es immer wieder und wird immer wütender, weil Paul einfach nicht hört und sie noch nicht einmal ansieht. Dann reicht es ihr! „Du brauchst gar nicht zu glauben, dass wir nachher zum Spielplatz gehen, wenn du jetzt nicht von der Heizung wegkommst! ... Und beim Kiosk gehen wir dann auch nicht mehr vorbei!"
Aber meist nützen diese Drohungen auch nichts und die Mutter gibt entnervt auf. Und dann gehen am Ende beide doch auf den Spielplatz und Pauls Mutter kauft ihm noch etwas Kleines am Kiosk, weil sie einfach keine Kraft mehr hat, sich mit seinem Quengeln und Geschrei auseinanderzusetzen.

Aber damit nicht genug: Paul ist nicht die einzige Sorge seiner Mutter. Pauls Vater hat im Moment so viel auf der Arbeit zu tun, dass er abends oft erst sehr spät und ganz müde nach Hause kommt. Daher kann er Pauls Mutter zurzeit auch nicht in der Familie unterstützen. Früher hat Pauls Papa auch mal etwas mit Paul gespielt oder ist mit ihm nach draußen gegangen. Jetzt ist er allerdings oft so gereizt, dass er Paul schon bei jeder Kleinigkeit ausschimpft. Auch die Eltern geraten dann häufig aneinander. Pauls Mutter hat außerdem oft Streit mit der Oma, weil diese meint, Paul sei gar nicht schwierig, sondern die Mutter wisse nur nicht, wie man richtig mit ihm umgehe.

Platz für Ihre Bemerkungen/Fragen:

Was wollen wir mit diesem Baustein erreichen?

Liebe Eltern!

Wir nehmen die Probleme unter die Lupe! Warum das? Pauls Mutter aus dem Beispiel ist so am Ende ihrer Kraft, dass sie das Gefühl hat, dass eigentlich alles mit Paul schiefläuft. Es muss nicht immer ganz so schlimm sein wie in unserem Beispiel, aber vielleicht geht es Ihnen zumindest manchmal auch so. Wir wollen Ihnen mit diesem Arbeitsbuch dabei helfen, solche Probleme zu lösen oder sie zumindest zu vermindern. In diesem Baustein helfen wir Ihnen zunächst in drei Teilen dabei, die Probleme unter die Lupe zu nehmen. Teilweise sehen dadurch manche Probleme schon anders aus, auf jeden Fall ist dies aber eine wichtige Voraussetzung für die weiteren Schritte.

Im ersten Teil wollen wir Ihnen dabei helfen, sich Klarheit über die *Verhaltensprobleme Ihres Kindes* zu verschaffen. Nur, wenn Sie die Schwierigkeiten Ihres Kindes ganz genau beschreiben, können Sie auch Lösungen für die Probleme finden. Wer konkrete Lösungen finden möchte, braucht dazu eine konkrete Problembeschreibung.

Im zweiten Teil wollen wir Ihnen helfen, die *Stärken und Schwächen in Ihrer Familie* zu erkennen. Um die Verhaltensprobleme Ihres Kindes in den Griff zu bekommen, ist es nämlich nicht nur wichtig, die Eigenschaften, Probleme/Schwächen und Stärken des Kindes zu kennen, sondern auch die *Eigenschaften, Probleme und Stärken der Eltern* sowie die *Belastungen und Stärken der Familie*. So wird für die Mutter von Paul alles noch dadurch erschwert, dass ihr Mann momentan viel im Büro zu tun hat und sie deshalb auch nur wenig unterstützen kann. Diese drei Faktoren (Kind, Eltern, gesamte Familie) wollen wir also im zweiten Teil dieses Bausteins näher beleuchten und mit Ihnen gemeinsam die möglichen Zusammenhänge zwischen diesen Faktoren und den Verhaltensproblemen Ihres Kindes herausarbeiten. Die Stärken und Fähigkeiten aller Beteiligten können Sie zur Bewältigung der Probleme und Belastungen nutzen.

Im dritten Teil lernen Sie den *Teufelskreis* kennen, in den viele Familien mit unruhigen, impulsiven, unaufmerksamen oder oppositionellen Kindern geraten. Je mehr Verhaltensprobleme Kinder haben, desto häufiger finden sich Familien in diesem Teufelskreis wieder. Im dritten Teil geht es darum, Ihnen zunächst einmal den Teufelskreis zu erklären und anschließend eine erste Vorstellung davon zu geben, wie man aus diesem Teufelskreis wieder ausbrechen kann.

In den noch folgenden Bausteinen werden wir Ihnen dann einzelne Hilfen vorstellen, um aus dem Teufelskreis wieder herauszukommen.

Nehmen Sie sich etwas Zeit, um diesen Baustein durchzuarbeiten. Wir bitten Sie, die Arbeitsblätter auszufüllen, die Sie am Ende des Bausteins finden. Dies ist eine wichtige Voraussetzung für das Vorgehen in den anschließenden Bausteinen. Die folgenden Bausteine werden dann mehr konkrete Tipps zur Bewältigung der Probleme geben.

Platz für Ihre Bemerkungen/Fragen:

Das kann Ihnen helfen!

Teil 1: Verschaffen Sie sich Klarheit über die Verhaltensprobleme Ihres Kindes

Eltern von Kindern mit Verhaltensproblemen haben häufig den Eindruck, dass ihr Kind überall Schwierigkeiten hat und so gut wie alles mit dem Kind schiefläuft. Da die problematischen Situationen in der Familie so sehr im Vordergrund stehen und überhandnehmen, fällt es den Eltern meist schwer, einzelne Probleme genauer zu beschreiben und zwischen verschiedenen Problembereichen zu unterscheiden. Das ist sehr verständlich. Es ist jedoch unbedingt notwendig, dass Sie sich als Eltern genau klarmachen, was sich auf welche Weise ändern muss, wenn Sie Veränderungen im Verhalten Ihres Kindes erreichen möchten. Dafür müssen Sie also zunächst klären, wo die Schwierigkeiten und Probleme im Einzelnen liegen. Bei dieser sicher nicht ganz einfachen Aufgabe wollen wir Sie in diesem ersten Teil mit den folgenden Hinweisen unterstützen:

Arbeitsblatt 1 — Baustein 1

Elternfragebogen über Problemsituationen in der Familie

Name des Kindes: Paul — Datum:

beurteilt von: Mutter

Gibt es bei den unten aufgeführten Situationen irgendwelche Probleme mit Ihrem Kind, wenn es Aufforderungen, Anweisungen oder Regeln befolgen soll? Wenn nicht, dann kreuzen Sie einfach die nebenstehende Null an und gehen weiter zur nächsten Frage. Wenn ja, kreuzen Sie bitte eine der nebenstehenden Zahlen von 1 bis 10 an. Die Zahlen sollen angeben, wie stark das Problem für Sie ist. Dabei bedeutet 1, dass das Problem in der Situation nur schwach ausgeprägt ist, und 10, dass das Problem sehr stark zum Ausdruck kommt.

Wie stark ist das Problem für Sie ausgeprägt?

Situation	gar nicht					mittel					sehr stark
1. Wenn das Kind allein spielt	0	1	2	X	4	5	6	7	8	9	10
2. Wenn das Kind mit anderen spielt	0	1	2	3	4	5	6	X	8	9	10
3. Bei den Mahlzeiten	0	1	2	3	4	5	6	7	X	9	10
4. Beim An- und Ausziehen	0	1	2	3	4	5	6	7	X	9	10
5. Beim Waschen und Baden	0	1	2	3	4	X	6	7	8	9	10
6. Wenn Sie telefonieren	0	1	2	3	4	5	6	7	8	9	X
7. Beim Fernsehen	0	1	X	3	4	5	6	7	8	9	10
8. Wenn Besuch kommt	0	1	2	3	4	5	6	X	8	9	10
9. Wenn Sie andere besuchen	0	1	2	3	4	X	6	7	8	9	10
10. In der Öffentlichkeit (Geschäfte, Lokale usw.)	0	1	X	3	4	5	6	7	8	9	10
11. Wenn die Mutter zu Hause beschäftigt ist	0	1	2	3	4	X	6	7	8	9	10
12. Wenn der Vater zu Hause ist	0	1	2	3	4	X	6	7	8	9	10
13. Wenn das Kind etwas erledigen soll	0	1	2	3	4	5	6	7	X	9	10
14. Beim Zubettgehen	0	1	2	3	4	5	6	7	8	X	10
15. Im Auto	X	1	2	3	4	5	6	7	8	9	10

Abbildung 1:
Ausgefüllter *Elternfragebogen über Problemsituationen in der Familie* (Arbeitsblatt 1)

1. Bearbeiten Sie den Elternfragebogen über Problemsituationen in der Familie.
Nehmen Sie den *Elternfragebogen über Problemsituationen in der Familie* (Arbeitsblatt 1; siehe Abbildung 1) zur Hand und bearbeiten Sie diesen für Ihr Kind. Sie können sich anhand dieses Fragebogens darüber Klarheit verschaffen, welche Situationen in Ihrer Familie besonders problematisch sind. Für jede einzelne Situation können Sie auf dem Fragebogen einschätzen, wie stark das Problem für Sie ist, von „gar nicht" bis „sehr stark". Da Eltern die Verhaltensprobleme oft unterschiedlich sehen, können Sie auch Ihrem Partner/Ihrer Partnerin eine Kopie dieses Bogens geben. So können Sie und Ihr Partner/Ihre Partnerin die möglicherweise problematischen Situationen zu Hause unabhängig voneinander beurteilen. Bitte wundern Sie sich nicht, wenn sich größere Unterschiede in der Beurteilung zwischen Ihnen und Ihrem Partner/Ihrer Partnerin ergeben – das ist nicht ungewöhnlich! Sprechen Sie in diesem Falle miteinander über die Unterschiede. Verschiedene Menschen können das gleiche Verhalten unterschiedlich wahrnehmen, und Kinder verhalten sich zudem gegenüber verschiedenen Personen und in verschiedenen Situationen häufig unterschiedlich.

2. Wählen Sie nun zwei Verhaltensprobleme oder Problemsituationen aus, die Sie als belastend erleben.

Gehen Sie nun Arbeitsblatt 1 noch einmal durch und wählen Sie zwei Verhaltensprobleme oder Problemsituationen in der Familie aus, die für Sie oder Ihr Kind sehr belastend sind und die Sie verändern möchten. Diese wollen wir im Folgenden gemeinsam mit Ihnen genauer betrachten. Für den Anfang ist es dabei günstig, Verhaltensprobleme oder Problemsituationen auszuwählen, die möglichst klar zu umschreiben sind.

3. Analysieren Sie die Verhaltensprobleme Ihres Kindes.

Nehmen Sie den *Analysebogen: Verhaltensauffälligkeiten meines Kindes* (Arbeitsblatt 2) zur Hand. Der Analysebogen ist am Ende des Bausteins zweimal abgedruckt, damit Sie die beiden ausgewählten Verhaltensprobleme analysieren können. Die schrittweise Beantwortung der Fragen auf dem Analysebogen ermöglicht es Ihnen, die ausgewählten Verhaltensprobleme Ihres Kindes möglichst detailliert zu betrachten. Um Ihnen diese Aufgabe zu erleichtern, haben wir einen Analysebogen beispielhaft für Sie ausgefüllt (siehe Abbildung 2).

Wenn Sie Schwierigkeiten haben, die Fragen zu beantworten, ist das von Ihnen ausgewählte Problem möglicherweise zu vielschichtig. Versuchen Sie dann, das Problem in mehrere Einzelprobleme zu unterteilen oder sich auf Teilprobleme zu konzentrieren (z. B. statt „schimpft und mault bei allen Gelegenheiten" besser „schimpft und mault, wenn ich ihm sage, dass er seine Spielkiste wieder einräumen soll").

Arbeitsblatt 2 (Seite 1) **Baustein 1**

Analysebogen: Verhaltensauffälligkeiten meines Kindes

1. Beschreiben Sie das Problemverhalten konkret: Was genau macht Ihr Kind?

   Paul reagiert nicht, wenn ich etwas sage.

2. Beschreiben Sie konkret die Situation(en), in der (in denen) das Problemverhalten auftritt.

   Vor allem in folgenden Situationen:
   Morgens beim Anziehen oder wenn ich ihn auffordere, seine Spielkiste einzuräumen.

3. Wie reagieren Sie üblicherweise auf das Problemverhalten Ihres Kindes?

   Morgens beim Anziehen:
   Ich werde immer lauter und ärgerlicher, treibe ihn an.

4. Was macht Ihr Kind dann üblicherweise?

   Morgens beim Anziehen:
   Er überhört es zunächst, dann fängt er an zu schimpfen, manchmal auch richtig laut zu schreien.

Arbeitsblatt 2 (Seite 2) **Baustein 1**

Analysebogen: Verhaltensauffälligkeiten meines Kindes

5. Wie geht die Situation meistens zu Ende?

   Morgens beim Anziehen: Meistens brülle ich ihn so an und drohe damit, dass wir unsere geplanten Aktivitäten an dem Tag ausfallen lassen, dass er schließlich anfängt, sich anzuziehen.

6. Wie oft tritt dieses Problemverhalten auf?
   (Immer, in mehr als der Hälfte der Situationen, in weniger als der Hälfte der Situationen)

   Fast täglich.

7. Kommt es vor, dass das Problemverhalten gar nicht oder nur in schwächerer Form auftritt?

   Wenn Kindergarten-Ferien sind oder wenn wir einen tollen Ausflug geplant haben.

8. Wie reagieren Sie, wenn sich Ihr Kind in solchen Situationen weniger problematisch oder angemessen verhält?

   Morgens beim Anziehen:
   Ich sage entweder nichts oder „Warum denn nicht gleich so?"

Abbildung 2:
Ausgefüllter *Analysebogen – Verhaltensauffälligkeiten meines Kindes* (Arbeitsblatt 2)

4. Übertragen Sie die von Ihnen ausgewählten Verhaltensprobleme in die Problemliste.

Nehmen Sie die *Problemliste: Verhaltensprobleme meines Kindes in der Familie* (Arbeitsblatt 3) zur Hand. In diese Problemliste können Sie zwei konkrete Verhaltensprobleme in die Spalte „Problemverhalten“ auf der linken Seite eintragen. Um Ihnen die Formulierung der Verhaltensprobleme zu erleichtern, haben wir Ihnen einmal eine beispielhaft ausgefüllte Problemliste abgedruckt (siehe Abbildung 3).

Die von Ihnen gewählten Probleme können Sie nun in den kommenden Wochen *einmal wöchentlich* für die jeweils vorausgegangene Woche beurteilen. Am günstigsten ist es, wenn Sie einen festen Wochentag für diese Einschätzung auswählen. Es ist wichtig, dass Sie dieses Arbeitsblatt über die gesamte Zeit der Arbeit mit diesem Buch aufbewahren und griffbereit haben. Die Problemliste ermöglicht Ihnen einen genauen Überblick über den Verlauf der Probleme in der nächsten Zeit. Hauptziel der Arbeit mit diesem Buch ist es, genau diese von Ihnen angegebenen Probleme zu vermindern.

In den Wochenspalten können Sie beurteilen, wie stark das Problem für Sie in der jeweils vorausgegangenen Woche ausgeprägt war. Dabei bedeutet eine Stärke von 5, dass das Problem für Sie kaum auszuhalten war. Eine Problemstärke von 0 sagt aus, dass die Situation in der Woche ohne Probleme verlaufen ist. Manchmal kann es vorkommen, dass ein Problemverhalten in der letzten Woche gar nicht auftreten konnte, weil die Situation nicht eingetreten war, beispielsweise konnten keine Probleme beim Einkaufen auftreten, weil Sie Ihr Kind nicht zum Einkaufen mitgenommen hatten. Dann streichen Sie die Spalte für die entsprechende Woche einfach durch.

Arbeitsblatt 3 **Baustein 1**

Problemliste: Verhaltensprobleme meines Kindes in der Familie

Name des Kindes: *Paul* beurteilt von: *Mutter*

Beurteilen Sie bitte einmal wöchentlich: **Datum:**

Problemverhalten	Wie stark war das Problem für Sie ausgeprägt?	Woche 1	2	3	4	5	6	7	8	9	10
1. *Wenn ich telefoniere, kommt Paul ins Zimmer und unterbricht mich.*	sehr stark	5	5	5	5	5	5	5	5	5	5
		X	X	4	4	4	4	4	4	4	4
		3	3	X	X	3	3	3	3	3	3
		2	2	2	2	X	2	X	2	2	2
		1	1	1	1	1	X	1	1	1	1
	gar nicht	0	0	0	0	0	0	0	0	0	0
2. *Wenn Paul sich morgens anziehen soll, verweigert er sich und beschäftigt sich mit etwas anderem.*	sehr stark	5	5	X	5	5	5	5	5	5	5
		X	4	4	X	4	4	4	4	4	4
		3	X	3	3	X	X	3	3	3	3
		2	2	2	2	2	2	X	2	2	2
		1	1	1	1	1	1	1	1	1	1
	gar nicht	0	0	0	0	0	0	0	0	0	0

Abbildung 3:
Ausgefüllte *Problemliste – Verhaltensprobleme meines Kindes in der Familie* (Arbeitsblatt 3)

Teil 2: Erkennen Sie die Stärken und Schwächen in Ihrer Familie

Die Verhaltensprobleme Ihres Kindes stehen nicht für sich allein, sondern werden von den Stärken und den Schwächen in Ihrer Familie beeinflusst. Wir haben versucht, dies in der folgenden Abbildung deutlich zu machen:

Im „Scheinwerferlicht" stehen die konkreten Verhaltensprobleme Ihres Kindes, Ihre Wahrnehmung dieser Verhaltensprobleme und Ihre Reaktion darauf. Diese Aspekte können aber nicht unabhängig voneinander gesehen werden, sondern werden von weiteren Faktoren beeinflusst. Die folgenden drei „Scheinwerfer" haben einen Einfluss:

- die Eigenschaften Ihres Kindes, seine Probleme/Schwächen und seine Stärken,
- die Eigenschaften der Eltern, ihre Probleme/Schwächen und Stärken sowie
- die Belastungen und Stärken der Familie insgesamt.

© Klaus Gehrmann

Es ist also wichtig, sich diese drei Faktoren bewusst zu machen und zu verstehen, wie sie möglicherweise mit den Verhaltensproblemen Ihres Kindes zusammenhängen. Aber auch die Stärken Ihres Kindes und Ihrer Familie sollen neben den Problemen nicht zu kurz kommen! Es ist wichtig, dass Sie sich neben den Problemen/Schwächen auch Ihrer Stärken bewusst werden. Diese können Ihnen bei der Bewältigung Ihrer Probleme und Belastungen eine große Hilfe sein.

Notieren Sie im Folgenden alles, was Ihnen zu den einzelnen Punkten auf dem *Arbeitsblatt 4: Probleme und Stärken in unserer Familie,* das Sie am Ende dieses Bausteins finden, einfällt. Tun Sie dies unabhängig davon, ob Sie denken, dass diese Punkte in Zusammenhang mit den Verhaltensschwierigkeiten Ihres Kindes stehen oder nicht. Um Ihnen das Ausfüllen zu erleichtern, haben wir Ihnen dieses Arbeitsblatt schon einmal beispielhaft ausgefüllt (siehe Abbildung 4 auf Seite 20).

1. Eigenschaften Ihres Kindes: Probleme und Stärken

Nachfolgend finden Sie eine Liste mit Grundproblemen, die häufiger gemeinsam mit konkreten Verhaltensproblemen von Kindern auftreten. Schreiben Sie bitte auf, welche Eigenschaften für Ihr Kind gelten. Notieren Sie diese Eigenschaften auch dann, wenn sie Ihrer Meinung nach nicht für die Verhaltensprobleme Ihres Kindes verantwortlich sind. Gemeint sind hier allgemeine Eigenschaften Ihres Kindes, die Sie aus verschiedensten Lebenssituationen von ihm kennen. Beispielsweise zeigen viele Kinder mit ADHS-Problemen eine nahezu durchgängige körperliche Unruhe.

Wir haben Ihnen hier einige mögliche Probleme aufgelistet:

- Gesundheitsprobleme (z. B. Allergien, Asthma),
- äußeres Erscheinungsbild (z. B. zu groß, zu kräftig für sein Alter, körperlich ungeschickt),
- Entwicklungsverzögerungen oder Leistungsschwächen (z. B. Sprachschwierigkeiten, Koordinationsstörungen),

- Überaktivität, ständige Unruhe, starker Bewegungsdrang,
- auffälliges Spielverhalten, fängt innerhalb kurzer Zeit vieles an, bleibt nur sehr kurz bei einer Beschäftigung; hohe Ablenkbarkeit,
- impulsives Verhalten (das Kind handelt erst, bevor es überlegt),

Arbeitsblatt 4 **Baustein 1**

Probleme und Stärken in unserer Familie

	Stärken meines Kindes	Schwächen meines Kindes
1.	ist sehr hilfsbereit	wird schnell wütend
2.	hat fast immer gute Laune	ist sehr vergesslich
3.	hat viel Fantasie	kann nicht ausdauernd bei einem Spiel bleiben
4.	ist nicht nachtragend	
5.		

	Stärken der Mutter	Schwächen der Mutter
1.	habe viel Humor	werde schnell nervös
2.	kann gut organisieren	bin ungeduldig
3.	lasse mich nicht leicht entmutigen	fühle mich oft hilflos
4.	kann gut zuhören	
5.		

	Stärken des Vaters	Schwächen des Vaters
1.	ist handwerklich sehr geschickt	handelt manchmal impulsiv
2.	kann gut Geschichten und Witze erzählen	ist wenig zu Hause
3.	ist offen und lustig	ist manchmal zu streng
4.	ist eher optimistisch eingestellt	
5.		

	Familiäre Stärken	Familiäre Belastungen
1.	wir lachen gerne zusammen	wir haben wenig Zeit füreinander
2.	wir sind sehr tierlieb	beide Kinder haben soziale Probleme im Kindergarten oder der Schule
3.	wir haben schon viele Schwierigkeiten gemeistert	wir haben wenig Unterstützung durch Freunde oder Verwandte
4.	wir können uns aufeinander verlassen	
5.		

	Verhaltensprobleme meines Kindes
1.	hört nie sofort, wenn wir etwas sagen
2.	kann sich nicht für kurze Zeit selbständig beschäftigen
3.	schreit und wirft Sachen durch die Gegend, wenn er wütend wird
4.	trödelt morgens und hilft beim Anziehen nicht mit
5.	

↓

	Wahrnehmung der Verhaltensprobleme
1.	Da wir beide im Moment viel Stress haben und oft unter Zeitdruck stehen, sind wir schnell gereizt, wenn unsere Aufforderungen nicht sofort befolgt werden, da wir uns fast immer beeilen müssen.
2.	
3.	Da wir in letzter Zeit viel streiten und Paul oft wütend wird, haben wir das Gefühl, dass er nur noch am „Ausrasten" ist und wir kaum noch Schönes miteinander erleben.
4.	
5.	

↓

	Reaktion der Eltern
1.	wir wiederholen die Aufforderung
2.	wir schimpfen
3.	wir werden wütend und drohen
4.	wir machen Paul Vorwürfe
5.	manchmal bestrafen wir Paul zu hart oder sind ungerecht ihm gegenüber

Abbildung 4:
Ausgefülltes Arbeitsblatt *Probleme und Stärken in unserer Familie* (Arbeitsblatt 4)

- leichte Erregbarkeit, „hitziges" Temperament („Geht schnell an die Decke!"),
- Ängste, Unsicherheit, Selbstwertprobleme,
- Ess-, Verdauungs- oder Schlafprobleme oder Probleme, tagsüber und nachts sauber und trocken zu bleiben.

! Schreiben Sie sich aber auch die Stärken Ihres Kindes auf!

Hier einige Beispiele für Stärken des Kindes:

- Einfallsreichtum,
- ist witzig, lebendig, aktiv, temperamentvoll,
- ist sehr offen und fröhlich,
- ist hilfsbereit,
- kann sehr gut verzeihen, ist nicht nachtragend, nicht „hintenherum",
- ist an vielem interessiert,
- ist mitfühlend, herzlich,
- ist körperlich geschickt, sportlich.

? Welche Probleme von den eben genannten Beispielen sehen Sie bei Ihrem Kind und welche fallen Ihnen sonst noch ein?

? Welche Stärken Ihres Kindes fallen Ihnen ein?

2. Eigenschaften der Mutter: Stärken und Schwächen

Denken Sie im nächsten Schritt einmal darüber nach, welche problematischen Eigenschaften Sie bei sich selbst als Mutter (bzw. Sie bei Ihrer Partnerin) sehen. Zur Unterstützung haben wir Ihnen auch hier einige Beispiele aufgelistet. Notieren Sie wieder alle Ihre Eigenschaften, auch wenn Sie vermuten, dass sie nicht in Zusammenhang mit den Verhaltensproblemen Ihres Kindes stehen:

- Gesundheitsprobleme (z. B. häufige Kopfschmerzen, Rückenschmerzen, Allergien),
- emotionale Probleme (z. B. Mutter fühlt sich von der Familie alleingelassen, Stimmungsschwankungen, Gefühle von Hilflosigkeit, Hoffnungslosigkeit oder Ängste),
- eigene Unruhe, Überaktivität, Nervosität, allgemeine Anspannung,
- eigene Konzentrationsschwierigkeiten, Probleme, den Tagesablauf zu strukturieren, Termindruck,
- impulsives Verhalten (z. B. bei der Erziehung, Handlungen werden später wieder bereut),

- leichte Erregbarkeit, „hitziges“ Temperament,
- andere Eigenschaften oder Probleme (z. B. Probleme mit Alkohol oder mit Medikamenten),
- Probleme am Arbeitsplatz (z. B. wenig Verständnis von Chef oder Kollegen für die Situation als Mutter, Mobbing).

Notieren Sie sich auch Ihre Stärken (auch wenn Sie diese als „Selbstverständlichkeiten“ einschätzen). Möglicherweise können Ihnen diese bei der Bewältigung von Problemen helfen.

Hier einige Beispiele für Stärken der Mutter:
- witzig, aktiv, lebensfroh, temperamentvoll,
- spiele gern mit dem Kind, auch freie und „verrückte“ Spiele,
- lasse mich nicht leicht entmutigen, setze mich für mein Kind ein,
- kann gut verzeihen,
- bin sehr „anpackend“ im Umgang mit Problemen, es gelingt mir oft, zufriedenstellende Lösungen zu finden,
- kann Probleme ansprechen,
- blicke zuversichtlich in die Zukunft,
- bin vielseitig interessiert,
- habe soziale Unterstützung von Freundinnen und meinen Eltern,
- habe ein Hobby, bei dem ich gut entspannen kann.

? *Was sind die Stärken und Schwächen der Mutter?*

3. Eigenschaften des Vaters: Stärken und Schwächen

Welche Eigenschaften schreiben Sie sich selbst als Vater (bzw. Sie Ihrem Partner) zu? Um Ihnen diese Überlegungen zu erleichtern, können Sie noch einmal die oben aufgeführte Liste der Eigenschaften der Mutter durchsehen. Halten Sie auch hier wieder alle Eigenschaften fest, selbst wenn Sie keinen Zusammenhang zwischen diesen Eigenschaften und den Verhaltensproblemen Ihres Kindes vermuten. Achten Sie darauf, neben Ihren Schwächen auch Ihre Stärken zu notieren (auch wenn Sie diese als „Selbstverständlichkeiten“ empfinden). Auf diese Stärken können Sie möglicherweise bei der Bewältigung von Problemen zurückgreifen.

? *Was sind die Stärken und Schwächen des Vaters?*

4. Belastungen und Stärken der Familie

Welche anderen Belastungen und Schwierigkeiten gibt es in Ihrer Familie? Viele Familien beschreiben einige der unten aufgeführten Probleme. Schreiben Sie auch hier wieder alle Belastungen auf, die Ihnen einfallen, auch wenn sie Ihrer Ansicht nach nichts mit den Verhaltensproblemen Ihres Kindes zu tun haben:

- Gesundheitsprobleme anderer Familienmitglieder (von Geschwistern, Großeltern),
- Eheprobleme (z. B. Meinungsverschiedenheiten in der Erziehung, Mutter fühlt sich in der Erziehung vom Vater alleingelassen, Trennungsabsichten),
- finanzielle Schwierigkeiten (z. B. finanzielle Belastungen durch Hausbau, Verschuldung),
- Probleme mit anderen Kindern in der Familie (z. B. Schulschwierigkeiten von Geschwistern, andere emotionale oder Verhaltensprobleme),
- Probleme mit Verwandten (z. B. Kritik von Verwandten an der Erziehung, Schwierigkeiten, sich von eigenen Eltern/Schwiegereltern abzugrenzen, Belastung durch pflegebedürftige Verwandte),
- Probleme mit Freunden oder Nachbarn (z. B. Kritik durch Freunde, Konflikte mit Nachbarn, Isolation der Familie),
- beengte Wohnsituation,
- andere Probleme (z. B. Schwierigkeiten mit der Freizeitgestaltung).

Wichtig ist, dass Sie sich auch über Ihre Stärken als Familie Gedanken machen (auch wenn Sie diese für „Selbstverständlichkeiten" halten). Diese können Ihnen möglicherweise bei der Bewältigung von Problemen helfen.

Hier einige Beispiele für Stärken der Familie:

- Wir halten zusammen,
- wir haben auch schon schwierige Zeiten erfolgreich durchgestanden,
- es gibt gute Freunde der Familie, auf die wir uns verlassen können,
- wir haben viele Hobbys, sind aktiv,
- wir können einander verzeihen,
- wir haben viele gemeinsame Interessen.

? Was sind die Belastungen und Stärken der Familie?

5. Überlegen Sie, wie diese Probleme und Stärken das Verhalten Ihres Kindes, Ihre Wahrnehmung und Ihre Reaktion auf das Kind beeinflussen.

Meist ist es sinnvoll, einzelne Schwierigkeiten in Verbindung mit anderen Problemen zu betrachten, um sie besser verstehen zu können. Dabei kann man erkennen, wie sich verschiedene Probleme gegenseitig beeinflussen. Es geht dabei jedoch nicht um die Frage der „Schuld" (z. B. die Mutter hat das Kind „verzogen")! Gibt es gerade beispielsweise viel Stress im Beruf und haben Eltern grundsätzlich ein eher hitziges Temperament, nehmen sie die Verhaltensprobleme häufig deutlicher wahr und reagieren gereizter als in entspannten Zeiten. Dadurch verstärken sich wiederum die Verhaltensprobleme des Kindes, die dann die Eltern noch mehr belasten. Versuchen Sie, sich (gemeinsam mit Ihrem Partner/Ihrer Partnerin) die Zusammenhänge zwischen den verschiedenen Problemen, die Sie notiert haben, zu verdeutlichen, und markieren Sie die Zusammenhänge auf dem *Arbeitsblatt 4: Probleme und Stärken in unserer Familie.*

Welche Zusammenhänge zwischen den verschiedenen Punkten, die Sie auf dem **Arbeitsblatt 4: Probleme und Stärken in unserer Familie** eingetragen haben, fallen Ihnen auf?

6. Überlegen Sie sich mögliche Lösungsansätze und nutzen Sie die Stärken in der Familie.
Überlegen Sie schrittweise, ob Sie für die Probleme und Belastungen, die auf Ihre Familie zutreffen, Entlastungen schaffen können. Wie können Sie Ihre Stärken, die Stärken Ihres Partners/Ihrer Partnerin oder Ihres Kindes nutzen, um Belastungen zu reduzieren? Denken Sie dabei auch an mögliche Unterstützung aus Ihrem Umfeld oder an professionelle Hilfsangebote. Gibt es Freunde, Verwandte oder Nachbarn, die Sie unterstützen können? Oft kann es auch hilfreich sein, Hilfs- und Therapieangebote von Kinderärzten, Psychologen oder Paartherapeuten in Anspruch zu nehmen. Schon eine Verminderung der Probleme kann zu einer deutlichen Entlastung führen, auch wenn sich Probleme häufig sicherlich nicht völlig lösen lassen. Wir werden auf diese und andere Punkte auch noch später in unserem Programm genauer zu sprechen kommen. Bedenken Sie auch die Möglichkeit einer eigenen Therapie oder einer Paartherapie, wenn Sie selbst oder Ihr Partner/Ihre Partnerin erhebliche psychische Probleme haben oder wenn Ihre Partnerschaft sehr belastet ist.

Was sind Ihre Stärken? Wie können Sie diese nutzen?

Wie können Sie Ihre Probleme vermindern?

Wer könnte Sie bei den Problemen und Belastungen unterstützen?

Teil 3: Lernen Sie den Teufelskreis kennen!

Jetzt stellen wir Ihnen den Teufelskreis vor, in den die meisten Familien mit Kindern geraten, die hyperaktiv, impulsiv oder unaufmerksam sind. Der Teufelskreis zeigt auch die Ansatzpunkte auf, um Ihr eigenes Verhalten und darüber auch das Verhalten Ihres Kindes zu verändern und so die Verhaltensprobleme zu reduzieren. Deshalb ist er für unser weiteres Vorgehen besonders wichtig. Bitte überprüfen Sie, ob und in welchen Situationen Sie und Ihre Familie bisher ebenfalls in diesen Teufelskreis geraten sind. Die folgende Abbildung zeigt den Teufelskreis, den wir im weiteren Verlauf erklären werden:

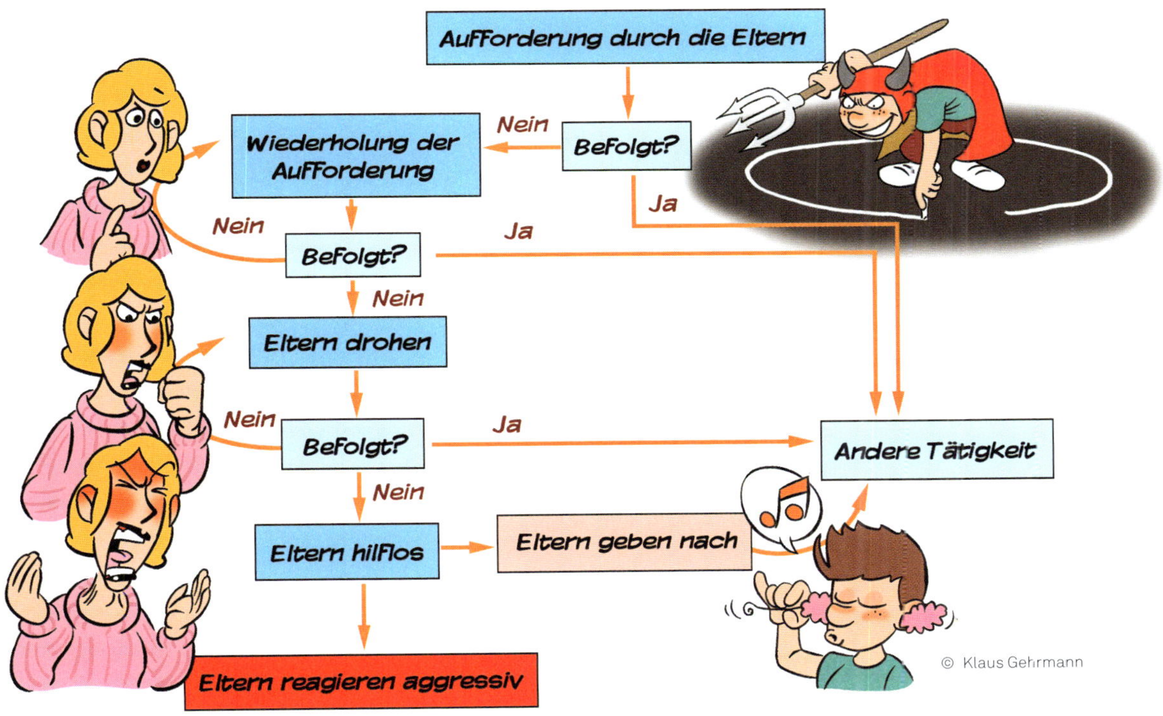

Der Teufelskreis

1. Die Eltern stellen dem Kind eine Aufforderung.

In vielen alltäglichen Situationen stellen Eltern ihren Kindern eine Aufforderung. Diese kann sehr unterschiedlich sein. Das Kind hat die Möglichkeit, die Aufforderung der Eltern zu befolgen oder auch nicht zu befolgen. „Hört" das Kind und tut, wozu die Eltern es aufgefordert haben, achten viele Eltern nicht weiter auf ihr Kind, sondern machen etwas anderes, wie Essen kochen, bügeln oder andere Erledigungen. Kommt das Kind der Aufforderung nicht nach, geht der Teufelskreis weiter.

? Welche Aufforderungen führen Sie und Ihr Kind häufig in den Teufelskreis?

2. Die Eltern wiederholen ihre Aufforderung.

Kommt das Kind einer Aufforderung nicht nach, wiederholen die Eltern in der Regel zunächst ihre Aufforderung, oft auch mehrere Male. Dabei werden die Eltern zumeist bei jeder Wiederholung der Aufforderung ärgerlicher und ihre Stimme wird immer lauter und gereizter. Das Kind kann bei jeder Wiederholung der Aufforderung doch das tun, was die Eltern gesagt haben, oder weiterhin nicht „hören". Befolgt das Kind jetzt die Aufforderung, beschäftigen sich die Eltern häufig – meist sehr ärgerlich und wütend – wieder mit anderen Tätigkeiten. Dabei fallen oft Sätze wie: „Warum nicht gleich so?" Befolgt das Kind die Aufforderung weiterhin nicht, geht der Teufelskreis weiter.

? Wie reagieren Sie, wenn Ihr Kind bei der Wiederholung Ihrer Aufforderung tut, was Sie ihm sagen?

? Was tun Sie, wenn es immer noch nicht tut, was Sie ihm aufgetragen haben?

3. Die Eltern drohen.

An diesem Punkt des Teufelskreises drohen viele Eltern ihrem Kind an, was passiert, wenn es die Aufforderung weiterhin nicht befolgt. Diese Drohungen werden oft sehr impulsiv ausgesprochen und sind häufig nicht gut überlegt, weil die Eltern zu diesem Zeitpunkt schon sehr ärgerlich sind. Oft werden auch diese Drohungen mehrfach wiederholt bzw. fallen immer heftiger aus. Das Kind hat wieder die Möglichkeit, nach jeder ausgesprochenen Drohung das zu tun, was die Eltern ihm aufgetragen haben. Tut es dies, werden die Eltern in vielen Fällen wiederum wütend das Zimmer verlassen und sich mit etwas anderem beschäftigen. Tut das Kind andererseits immer noch nicht, was die Eltern gesagt haben, geht der Teufelskreis weiter.

? *Wie haben Sie reagiert, wenn Ihr Kind nach der Androhung einer Strafe schließlich doch getan hat, was Sie von ihm wollten?*

? *Ist es Ihnen auch schon passiert, dass Sie impulsiv Drohungen ausgesprochen haben, die Sie im Nachhinein nicht für sinnvoll hielten?*

4. Die Eltern sind ratlos.

Meist wissen die Eltern an dieser Stelle nicht weiter! Nichts scheint das Kind zu bewegen, das zu tun, was die Eltern ihm aufgetragen haben – weder eine freundliche Aufforderung noch eine ärgerliche Aufforderung noch Androhungen von Strafen. Nun reagieren die Eltern oft auf eine von zwei Arten:

- Entweder, sie fordern von ihrem Kind nicht mehr das, was sie eigentlich wollten, geben also nach, oft mit Gedanken wie: „Mach doch, was du willst, mir ist es egal." Manchmal verzichten die Eltern an dieser Stelle ganz auf die Umsetzung ihrer Aufforderung. So räumt das Kind seine Spielkiste beispielsweise nicht selbst ein. Oder sie entscheiden sich, dass es weniger Arbeit ist, selbst das zu tun, was sie von ihrem Kind verlangt haben. So trägt beispielsweise die Mutter die liegengebliebenen Schuhe selbst zur Garderobe.
- Oder die Eltern reagieren aggressiv auf das Nicht-Hören ihres Kindes, das heißt, sie schreien das Kind an oder im schlimmsten Fall bekommt es von den Eltern eine Ohrfeige oder eine noch heftigere körperliche „Strafe"! Eine weitere Form des „Sich-aggressiv-Durchsetzens" ist es, alle im Affekt angedrohten Strafen durchzusetzen – seien sie im Nachhinein noch so unverhältnismäßig, beispielsweise eine Woche keinen Nachtisch für nicht ausgezogene Schuhe oder nicht gewaschene Hände.

? *Kommt Ihnen dieser Teufelskreis bekannt vor?*

? Ist Ihnen dieses Gefühl der Ratlosigkeit bekannt?

? Erkennen Sie sich in einer der geschilderten Reaktionen wieder?

Welche Erfahrungen macht das Kind im Teufelskreis?
Das Kind macht in diesem Teufelskreis vielfältige ungünstige Erfahrungen, die dazu beitragen, dass die Verhaltensprobleme eher weiter zunehmen.

- *Geben die Eltern am Ende des Teufelskreises nach,* macht das Kind die Erfahrung, dass es oft doch nicht tun muss, was die Eltern ihm aufgetragen haben, wenn es die „Nörgeleien" der Eltern nur lange genug aushält. Das heißt, es macht die Erfahrung, dass die Aufforderungen und letztlich auch die Drohungen der Eltern oft nicht ernst zu nehmen sind. Dadurch wird die Wahrscheinlichkeit geringer, dass das Kind die nächste Aufforderung der Eltern direkt oder nach einer kurzen Zeit befolgen wird. Durch ihr Verhalten „erziehen" die Eltern damit ungewollt ihr Kind dazu, immer häufiger nicht auf sie zu hören bzw. „Nein!" zu sagen!
- *Reagieren die Eltern am Ende verbal sehr aggressiv* (oder setzen impulsiv ausgesprochene, unangebrachte Drohungen um oder schlagen sogar ihr Kind), bieten sie ihrem Kind ein aggressives Modell! Das Kind macht die Erfahrung, dass gutes Zureden und auch Drohungen oft nichts nutzen, sondern dass sich letztlich nur der körperlich Stärkere durchsetzen kann! Möglicherweise kommt das Kind das nächste Mal (aus Angst vor den aggressiven Konsequenzen) der Aufforderung nach, aber außerhalb der Familie oder kleineren Geschwistern gegenüber wird es seine Erfahrung anwenden, dass der Stärkere gewinnt. Die Wahrscheinlichkeit für aggressives Verhalten wird dadurch größer!
- *Auch wenn das Kind zu irgendeinem Zeitpunkt in dem Teufelskreis das tut, was die Eltern gesagt haben,* macht es häufig ungünstige Erfahrungen. Die Eltern beschäftigen sich dann meist mit anderen Tätigkeiten, die bisher liegengeblieben sind. Die Kinder kosten oft so viel Kraft, Zeit und Nerven, dass es sehr verständlich ist, wenn Eltern froh sind, endlich das tun zu können, was sie eigentlich die ganze Zeit schon vorhatten! Das Kind bekommt aber den Eindruck, dass sein angemessenes oder weniger problematisches Verhalten die Eltern gar nicht weiter interessiert. Die mangelnde positive Aufmerksamkeit wird dazu führen, dass das Kind in Zukunft eher seltener Aufforderungen befolgt. Außerdem führt dies dazu, dass positive gemeinsame Erfahrungen immer weiter in den Hintergrund rücken und Eltern und Kind schließlich fast nur noch negativ – ermahnend, schimpfend, schreiend, drohend, weinend – miteinander umgehen. Eltern haben dann oft das Gefühl, nur noch mit ihrem Kind zu schimpfen, und die Kinder erleben ihrerseits die Eltern nur noch als permanente Nörgler.

Aber auch Sie als Eltern machen ungünstige Erfahrungen im Teufelskreis!

- Sie bekommen den Eindruck, dass alle Bitten, Aufforderungen und Strafandrohungen nichts nutzen – Ihr Kind hört einfach nicht, und Sie fühlen sich hilflos. Auf der anderen Seite haben Sie vielleicht die Er-

fahrung gemacht, dass Ihr Kind getan hat, was Sie wollten, wenn Sie ihm gegenüber doch einmal aggressiv geworden sind, vielleicht sogar einmal ansatzweise körperlich aggressiv. Für diese verbale oder körperliche Aggression bestärkt Ihr Kind Sie, wenn es dann hört. Dadurch steigt die Wahrscheinlichkeit, dass Sie das nächste Mal schneller aggressiv reagieren. Auf diese Weise können Eltern immer öfter in die Situation kommen, in der sie hart strafen oder sogar körperliche Gewalt anwenden, obwohl sie eigentlich nicht mit heftigen Strafen und auf keinen Fall mit Schlägen erziehen wollten.
- Im Nachhinein merken Sie häufig, dass Sie es nicht schaffen, Strafen durchzuhalten, die Sie angedroht haben (z. B. eine Woche keinen Nachtisch), da Sie dann nur noch mehr Schwierigkeiten mit Ihrem Kind bekommen. Sie geraten so immer wieder in Situationen, in denen Sie sich inkonsequent verhalten, wodurch sich wiederum die Verhaltensprobleme Ihres Kindes verstärken.
- Die Wahrscheinlichkeit, dass Sie entmutigt werden und „mit der Erziehung aufgeben", steigt jedes Mal, wenn Ihr Kind nicht auf Sie gehört hat. Dadurch lassen Sie Ihrem Kind immer mehr durchgehen, was die Verhaltensschwierigkeiten langfristig noch mehr verstärkt. Und Sie fühlen sich immer hilfloser.

Gehen Sie die einzelnen Schritte des Teufelskreises in Ruhe durch und überlegen Sie, ob es ähnliche Situationen in Ihrer Familie gibt, in denen Sie sich in diesem Teufelskreis wiederfinden. Jede Familie gerät ab und zu in diesen Teufelskreis, auch Familien mit Kindern, die keine größeren Verhaltensprobleme zeigen. Durch impulsives, unruhiges und unaufmerksames oder auch trotziges und oppositionelles Verhalten der Kinder gerät man als Mutter oder Vater aber öfter in diesen Teufelskreis als andere Eltern, da dieses Verhalten von vornherein dazu führt, dass Aufforderungen weniger oft beachtet werden. Gehen Sie in Gedanken vor allem die Situationen oder Verhaltensprobleme durch, die Sie im ersten Teil dieses Bausteins näher beschrieben haben und die Sie verändern wollen. Geraten Sie in diesen Situationen öfter in den oben beschriebenen Teufelskreis?

Überlegen Sie, wann Sie in den Teufelskreis geraten!

Ausbruch aus dem Teufelskreis!

Ziel dieses Arbeitsbuches ist es, Sie beim Ausbruch aus diesem Teufelskreis zu unterstützen. Im Allgemeinen ist es dazu sinnvoll und notwendig, an mehreren Stellen anzusetzen. Dazu werden wir Sie in den nächsten Bausteinen Schritt für Schritt anleiten. So können Sie dafür sorgen, dass Sie gemeinsam mit Ihrem Kind wieder vermehrt positive Erfahrungen machen, und wir werden besprechen, wie Sie eindeutige Regeln aufstellen und Ihrem Kind wirkungsvolle Aufforderungen geben können. Zudem werden wir angemessene positive wie negative Konsequenzen erarbeiten, mit denen Sie auf das Verhalten Ihres Kindes reagieren können. Diese Schritte können jedoch nicht auf einmal gemacht werden; es braucht etwas Zeit und Geduld. Daher werden wir diese Möglichkeiten langsam und eine nach der anderen in den nächsten Bausteinen besprechen. Wenn Sie den vorliegenden Baustein bearbeitet haben, haben Sie sich schon einmal viel Arbeit und Gedanken gemacht, was nicht selbstverständlich ist. Wir freuen uns, dass Sie als Elternteil diese Mühe auf sich nehmen. Nun sind schon viele wichtige erste Schritte gemacht, auf denen Sie dann in den nächsten Wochen aufbauen können.

Arbeitsblatt 1 **Baustein 1**

Elternfragebogen über Problemsituationen in der Familie

Name des Kindes: Datum:

beurteilt von:

Gibt es bei den unten aufgeführten Situationen irgendwelche Probleme mit Ihrem Kind, wenn es Aufforderungen, Anweisungen oder Regeln befolgen soll? Wenn nicht, dann kreuzen Sie einfach die nebenstehende Null an und gehen weiter zur nächsten Frage. Wenn ja, kreuzen Sie bitte eine der nebenstehenden Zahlen von 1 bis 10 an. Die Zahlen sollen angeben, wie stark das Problem für Sie ist. Dabei bedeutet 1, dass das Problem in der Situation nur schwach ausgeprägt ist, und 10, dass das Problem sehr stark zum Ausdruck kommt.

Wie stark ist das Problem für Sie ausgeprägt?

Situation	gar nicht					mittel					sehr stark
1. Wenn das Kind allein spielt	0	1	2	3	4	5	6	7	8	9	10
2. Wenn das Kind mit anderen spielt	0	1	2	3	4	5	6	7	8	9	10
3. Bei den Mahlzeiten	0	1	2	3	4	5	6	7	8	9	10
4. Beim An- und Ausziehen	0	1	2	3	4	5	6	7	8	9	10
5. Beim Waschen und Baden	0	1	2	3	4	5	6	7	8	9	10
6. Wenn Sie telefonieren	0	1	2	3	4	5	6	7	8	9	10
7. Beim Fernsehen	0	1	2	3	4	5	6	7	8	9	10
8. Wenn Besuch kommt	0	1	2	3	4	5	6	7	8	9	10
9. Wenn Sie andere besuchen	0	1	2	3	4	5	6	7	8	9	10
10. In der Öffentlichkeit (Geschäfte, Lokale usw.)	0	1	2	3	4	5	6	7	8	9	10
11. Wenn die Mutter zu Hause beschäftigt ist	0	1	2	3	4	5	6	7	8	9	10
12. Wenn der Vater zu Hause ist	0	1	2	3	4	5	6	7	8	9	10
13. Wenn das Kind etwas erledigen soll	0	1	2	3	4	5	6	7	8	9	10
14. Beim Zubettgehen	0	1	2	3	4	5	6	7	8	9	10
15. Im Auto	0	1	2	3	4	5	6	7	8	9	10

Arbeitsblatt 2 (Seite 1) **Baustein 1**

Analysebogen: Verhaltensauffälligkeiten meines Kindes

1. Beschreiben Sie das Problemverhalten konkret: Was genau macht Ihr Kind?

2. Beschreiben Sie konkret die Situation(en), in der (in denen) das Problemverhalten auftritt.

3. Wie reagieren Sie üblicherweise auf das Problemverhalten Ihres Kindes?

4. Was macht Ihr Kind dann üblicherweise?

Arbeitsblatt 2 (Seite 2) **Baustein 1**

Analysebogen: Verhaltensauffälligkeiten meines Kindes

5. Wie geht die Situation meistens zu Ende?

6. Wie oft tritt dieses Problemverhalten auf?
(Immer, in mehr als der Hälfte der Situationen, in weniger als der Hälfte der Situationen)

7. Kommt es vor, dass das Problemverhalten gar nicht oder nur in schwächerer Form auftritt?

8. Wie reagieren Sie, wenn sich Ihr Kind in solchen Situationen weniger problematisch oder angemessen verhält?

Arbeitsblatt 2 (Seite 1) **Baustein 1**

Analysebogen: Verhaltensauffälligkeiten meines Kindes

1. Beschreiben Sie das Problemverhalten konkret: Was genau macht Ihr Kind?

2. Beschreiben Sie konkret die Situation(en), in der (in denen) das Problemverhalten auftritt.

3. Wie reagieren Sie üblicherweise auf das Problemverhalten Ihres Kindes?

4. Was macht Ihr Kind dann üblicherweise?

Arbeitsblatt 2 (Seite 2) **Baustein 1**

Analysebogen: Verhaltensauffälligkeiten meines Kindes

5. Wie geht die Situation meistens zu Ende?

6. Wie oft tritt dieses Problemverhalten auf?
(Immer, in mehr als der Hälfte der Situationen, in weniger als der Hälfte der Situationen)

7. Kommt es vor, dass das Problemverhalten gar nicht oder nur in schwächerer Form auftritt?

8. Wie reagieren Sie, wenn sich Ihr Kind in solchen Situationen weniger problematisch oder angemessen verhält?

Arbeitsblatt 3

Baustein 1

Problemliste: Verhaltensprobleme meines Kindes in der Familie

Name des Kindes: beurteilt von:

Beurteilen Sie bitte einmal wöchentlich:

Datum:

Problemverhalten	Wie stark war das Problem für Sie ausgeprägt?	Woche 1	2	3	4	5	6	7	8	9	10
1.	sehr stark	5	5	5	5	5	5	5	5	5	5
	↑	4	4	4	4	4	4	4	4	4	4
		3	3	3	3	3	3	3	3	3	3
		2	2	2	2	2	2	2	2	2	2
	↓	1	1	1	1	1	1	1	1	1	1
	gar nicht	0	0	0	0	0	0	0	0	0	0
2.	sehr stark	5	5	5	5	5	5	5	5	5	5
	↑	4	4	4	4	4	4	4	4	4	4
		3	3	3	3	3	3	3	3	3	3
		2	2	2	2	2	2	2	2	2	2
	↓	1	1	1	1	1	1	1	1	1	1
	gar nicht	0	0	0	0	0	0	0	0	0	0

Arbeitsblatt 4 Baustein 1

Probleme und Stärken in unserer Familie

Stärken meines Kindes	Schwächen meines Kindes
1.	
2.	
3.	
4.	
5.	

Stärken der Mutter	Schwächen der Mutter
1.	
2.	
3.	
4.	
5.	

Stärken des Vaters	Schwächen des Vaters
1.	
2.	
3.	
4.	
5.	

Familiäre Stärken	Familiäre Belastungen
1.	
2.	
3.	
4.	
5.	

Verhaltensprobleme meines Kindes
1.
2.
3.
4.
5.

Wahrnehmung der Verhaltensprobleme
1.
2.
3.
4.
5.

Reaktion der Eltern
1.
2.
3.
4.
5.

Baustein 2

ADHS – Was ist das?

Was wollen wir mit diesem Baustein erreichen?

Liebe Eltern!

Anhand des letzten Bausteins haben Sie begonnen, die Probleme Ihres Kindes und Ihrer Familie genauer zu betrachten, und Problembereiche ausgewählt, die Sie mithilfe dieses Arbeitsbuches verändern wollen. Um den Problemen auf den Grund und an den Kragen zu gehen, ist es aber neben einem genauen Plan wichtig, die Probleme Ihres Kindes besser verstehen und einordnen zu können. Obwohl es vor der Einschulung manchmal schwierig ist, die Diagnose einer *Aufmerksamkeitsdefizit-/Hyperaktivitätsstörung (ADHS)* sicher zu stellen, zeigen einige Kindergartenkinder im Vergleich zu ihrer Altersgruppe bereits Verhaltensauffälligkeiten, die auf eine solche Diagnose hinweisen. In jedem Fall ist es sehr sinnvoll, dem betroffenen Kind zu helfen, die alltäglichen Verhaltensprobleme in den Griff zu bekommen.

ADHS bezeichnet eine Verhaltensstörung von Kindern, Jugendlichen oder Erwachsenen, die durch Auffälligkeiten in den folgenden drei Kernbereichen gekennzeichnet ist:

- starke Aufmerksamkeits- und Konzentrationsstörungen,
- starke Impulsivität und
- ausgeprägte körperliche Unruhe (Hyperaktivität).

Die meisten Fachleute benutzen heutzutage den Begriff ADHS zur Bezeichnung dieser Störung, mitunter werden aber auch andere Begriffe und Abkürzungen verwendet, wie *Hyperkinetische Störung (HKS)* oder auch *Aufmerksamkeitsdefizitstörung (ADS)*.

Üblicherweise lassen sich die Kernsymptome einer ADHS bereits im Alter von 3 bis 6 Jahren erkennen. Wichtig ist jedoch, zu beachten, dass bei vielen Kindern dieses Alters eine gewisse Unruhe, Unaufmerksamkeit oder auch Impulsivität beobachtet werden kann, und deshalb ist eine genaue Abgrenzung zwischen ADHS und noch normalem altersgemäßem Verhalten mitunter sehr schwierig. Die in diesem Arbeitsbuch beschriebenen Maßnahmen sind in jedem Fall für Eltern mit Kindern hilfreich, die deutliche Probleme in diesen Bereichen haben, also auch dann, wenn eine ganz sichere Diagnose nicht oder noch nicht gestellt werden kann. Wenn Sie in Ihrem Erziehungsverhalten die hier vermittelten Strategien anwenden, können Sie bestehende Probleme vermindern und dazu beitragen, dass sich keine größeren Schwierigkeiten entwickeln.

Wir möchten Ihnen mit dem vorliegenden Baustein helfen, besser einschätzen zu können, welche Merkmale einer ADHS bei Ihrem Kind vorliegen. Wir werden Ihnen dazu wichtige Informationen über ADHS und die betroffenen Problembereiche geben. Dabei werden wir uns auf wissenschaftlich gesicherte Erkenntnisse stützen sowie auf unsere langjährige klinische Erfahrung in der Arbeit mit betroffenen Kindern. Folgende Punkte wollen wir besprechen:

- Was sind Merkmale von Kindern mit ADHS?
- Welche weiteren Probleme treten häufig noch auf?
- Was sind die Ursachen von ADHS?
- Wie entwickeln sich die Kinder weiter?
- Was kann Ihrem Kind helfen?

Platz für Ihre Bemerkungen/Fragen:

Das sollten Sie über ADHS wissen!

1. Was sind Merkmale von Kindern mit ADHS?

Jedes Kind ist irgendwann einmal sehr unruhig oder kann sich nicht konzentrieren und lässt sich leicht ablenken, und manche Kinder sind lebhafter als andere. Die Konzentrationsfähigkeit und die Ausdauer von Kindern steigen mit dem Alter; für jüngere Kinder ist es generell schwieriger als für ältere, sich ruhig zu verhalten oder sich ausdauernd mit einer Sache zu beschäftigen. Kinder mit ADHS unterscheiden sich jedoch in Ausmaß und Stärke der Probleme von Kindern mit diesen ganz normalen Entwicklungserscheinungen.

Im Vergleich zu Gleichaltrigen haben Kinder mit ADHS ausgeprägte Auffälligkeiten meist in drei Kernbereichen:

Sie fallen auf
- durch deutliche *Aufmerksamkeits- und Konzentrationsstörungen,*
- durch vermehrt *impulsives Verhalten* und
- durch eine ausgeprägte *körperliche Unruhe.*

Aufmerksamkeits- und Konzentrationsstörungen
Kinder mit ADHS beenden ihre Tätigkeiten nicht und brechen Aufgaben oft vorzeitig ab, insbesondere Beschäftigungen, die geistige Anstrengung verlangen und die von anderen vorgegeben sind (z.B. Mal- und Bastelarbeiten, ruhige Lernspiele). Die Auffälligkeiten kommen jedoch häufig auch bei selbstgewählten Aktivitäten und bei jüngeren Kindern im Spielverhalten vor. Zunächst sind die Kinder oft noch interessiert dabei, verlieren jedoch nach kurzer Zeit das Interesse und wechseln zu einer anderen Tätigkeit.

© Klaus Gehrmann

Beispiel Marie
Marie ist 5 Jahre alt und besucht den Kindergarten. Die Erzieherin hat bereits früh gemerkt, dass Marie innerhalb kurzer Zeit viele verschiedene Spiele und Beschäftigungen anfängt, bei diesen aber nicht bleibt, sondern sehr schnell zu einer neuen Aktivität wechselt. Öfters findet sie auch gar nichts, was sie tun könnte, und läuft einfach nur zwischen Bau- und Puppenecke hin und her. Wenn sie dann einmal mit der Erzieherin gemeinsam bei einer Bastelarbeit oder einem Spiel sitzt, reicht eine kleine Ablenkung, z.B., dass ein anderes Kind hustet, damit sie aufsteht und auch hier die gemeinsame Aktivität abbricht. Auch zu Hause hat Marie Schwierigkeiten, sich mit einem Spiel oder einer Tätigkeit auch nur kurze Zeit alleine zu beschäftigen. Sie wechselt auch hier ständig zwischen Aktivitäten und Spielen hin und her oder weiß nichts mit sich anzufangen. Ihre Mutter hat so keine ruhige Minute, da Marie immer wieder zu ihr kommt und sagt: „Mama, spiel mit mir! Mir ist langweilig!“ Auch beim An- und Ausziehen ist Marie sofort von anderen Dingen abgelenkt und trödelt massiv. Am Ende muss die Mutter sie häufig vollständig anziehen, obwohl Marie eigentlich fast alle Kleidungsstücke schon alleine an- oder ausziehen kann und nur noch für Knöpfe und Verschlüsse Hilfe benötigt. Wenn es aber beispielsweise morgens schnell gehen soll, sieht die Mutter meist keine andere Möglichkeit, als Marie selbst anzuziehen, da sie sonst Stunden dafür brauchen würde. Im Anschluss ist Maries Mutter oft völlig geschafft.

? Kommt Ihnen das bekannt vor? Wie gut kann Ihr Kind sich konzentrieren und ausdauernd bei einer Sache bleiben?

Impulsives Verhalten

Im Vergleich zu Gleichaltrigen neigen Kinder mit ADHS deutlich stärker zu plötzlichen und unüberlegten Handlungen. Dabei bedenken sie überhaupt nicht die Folgen ihres Verhaltens. Die Kinder haben große Schwierigkeiten, abzuwarten, bis sie an der Reihe sind. Wenn sie etwas haben wollen, dann muss es sofort sein. Sie platzen in Unterhaltungen von Erwachsenen und Spiele anderer Kinder hinein, platzen mit Antworten heraus, bevor Fragen zu Ende gestellt sind, und unterbrechen andere häufig.

Körperliche Unruhe

Insbesondere in Situationen, in denen sie sich relativ ruhig verhalten sollen, fallen viele Kinder mit hyperkinetischen Störungen durch ausgeprägte Ruhelosigkeit und ihr häufiges Zappeln auf. So stehen Kinder beim Essen am Tisch oder im Kindergarten im Sitzkreis häufig auf, es fällt ihnen schwer, ruhig zu spielen, und sie laufen oder klettern permanent herum. Von der Umgebung oder durch Aufforderungen scheint diese Unruhe kaum dauerhaft beeinflussbar zu sein. Zu Hause ermahnen die Eltern ihr Kind, ruhig zu sein; möglicherweise reagiert das Kind auch darauf, aber nach wenigen Sekunden oder Minuten ist die Unruhe wieder da. Und genauso sieht es auch im Kindergarten aus.

Beispiel Paul

Seit Paul in den Kindergarten geht, muss seine Erzieherin ihn permanent im Auge haben und ermahnen. Im Sitzkreis steht er immer wieder auf, ruhige Spiele und Basteln am Platz sind für ihn ein Gräuel. Seine Finger und Füße sind ständig in Bewegung; seine ganze Umgebung macht er durch seine ständige Zappelei richtig nervös. Er läuft oft in der Gruppe, im Flur oder im Außenbereich einfach ziellos umher, stößt an andere Kinder oder Türrahmen und schmeißt am Tisch immer wieder etwas um. Auch Pauls Mutter hat mit ihm Probleme: Schon früh am Morgen ist er kaum zu bremsen! Bereits um 6 Uhr tobt er durch die Wohnung und singt fröhlich und vor allem laut ein Liedchen nach dem anderen. Ständig muss er seine Mutter etwas ganz Wichtiges fragen oder ihr ganz dringend etwas erzählen, das auf keinen Fall warten kann. Die Mutter kommt morgens schon zu gar nichts mehr, so oft unterbricht Paul sie. Bereits kurz nach dem Aufstehen fühlt sie sich vollkommen überfordert.

Kommt Ihnen das bekannt vor? Wie ungeduldig und impulsiv ist Ihr Kind?

Wie unruhig ist Ihr Kind?

Üblicherweise sind diese Auffälligkeiten in verschiedenen Lebensbereichen zu beobachten – also nicht nur in der Familie, sondern auch im Kindergarten oder bei Freizeitaktivitäten mit Gleichaltrigen. Allerdings zeigen sich die Symptome oft kaum oder treten in verminderter Form auf, wenn sich Kinder ihrer Lieblingsaktivität widmen, auch wenn diese ein hohes Maß an Aufmerksamkeit erfordert (z.B. beim Aufbauen der Holzeisenbahn oder von Duplo-Teilen). Auch in kritischen Situationen müssen allerdings nicht alle Auffälligkeiten vorhanden sein. Manche Kinder haben hauptsächlich Aufmerksamkeitsprobleme, andere sind hauptsächlich hyperaktiv und impulsiv und die Unaufmerksamkeit ist deutlich geringer oder gar nicht vorhanden.

In welchen Lebensbereichen zeigt Ihr Kind die beschriebenen Auffälligkeiten?

1. Familie

2. Kindergarten

3. Freizeit

Darüber hinaus gibt es eine große Variationsbreite im Schweregrad der beschriebenen Probleme. Bei manchen Kindern machen sich die Auffälligkeiten schon nach kürzester Zeit bemerkbar, da sie sehr stark ausgeprägt sind. Bei den meisten Kindern treten die Probleme jedoch in weniger starker Ausprägung auf. Die Probleme zeigen sich nicht in allen Situationen gleichermaßen, und manchmal können sich unaufmerksame, hyperaktive und/oder impulsive Kinder auch über einen längeren Zeitraum unauffällig verhalten. Der Übergang zwischen normalem und auffälligem Verhalten ist also fließend. Bei jüngeren Kindern ist eine solche Unterscheidung noch viel schwieriger, weil in diesem Alter viele Kinder, die sich später völlig normal entwickeln, häufiger mal unruhig, impulsiv und recht unaufmerksam sein können. Wenn die Aufmerksamkeitsstörungen, die Hyperaktivität oder die Impulsivität aber sehr stark ausgeprägt sind und das Kind stark beeinträchtigen, dann sprechen wir auch schon in diesem Alter von einer ADHS.

Solche Auffälligkeiten treten sehr häufig auf: In jeder Schulklasse gibt es laut Statistik mindestens ein bis zwei Kinder, die zumindest leichte bis mittelschwere Symptome aufweisen, und in aller Regel sind diese Kinder auch schon im Vorschulalter auffällig gewesen. Jungen sind dabei häufiger betroffen als Mädchen.

Achtung:

Wenn ein Kind Unruhe, Konzentrationsschwierigkeiten und impulsives Verhalten zeigt, dann heißt das nicht automatisch, dass eine ADHS vorliegt. Die Merkmale einer ADHS können auch bei anderen Störungen oder Belastungen auftreten. Beispiele dafür sind starke Entwicklungsverzögerungen sowie Lernbehinderungen oder geistige Behinderungen. Kinder können auch hyperkinetische Symptome zeigen, wenn sie mit Anforderungen im Kindergarten überfordert oder starken familiären Belastungen ausgesetzt sind, denen sie nicht gewachsen sind, oder wenn sie mit Ängsten zu kämpfen haben. Auch Symptome von Kindern, die traurig verstimmt sind oder die unter anderen emotionalen Belastungen stehen, können in manchen Situationen fälschlicherweise als ADHS-Symptome gewertet werden.

Wurden bei Ihrem Kind andere Störungen oder Probleme als Ursachen für die Symptome ausgeschlossen?

2. Welche weiteren Probleme treten häufig noch auf?

Oppositionelle Verhaltensauffälligkeiten

© Klaus Gehrmann

Oppositionelle Verhaltensauffälligkeiten sind wohl das häufigste Problem, das zusätzlich zu einer unaufmerksamen, hyperaktiven und/oder impulsiven Symptomatik auftritt. Im Vergleich zu Gleichaltrigen können sich Kinder mit oppositionellen Verhaltensauffälligkeiten weniger gut an wichtige Regeln halten. Sie geraten häufig in Streitigkeiten mit anderen Kindern, d.h. mit ihren Geschwistern oder auch Kindern außerhalb der Familie, aber auch mit Eltern und anderen erwachsenen Bezugspersonen. Sie werden schnell wütend, sie verärgern andere vorsätzlich und schieben die Schuld für eigene Fehler oder eigenes Fehlverhalten auf andere. Sie sind leicht reizbar, reagieren schnell zornig und haben häufig körperliche Auseinandersetzungen. Bis zu einem gewissen Grad sind oppositionelle Verhaltensauffälligkeiten Teil einer normalen Entwicklung. Bei manchen Kindern zeigen sich diese Probleme allerdings wesentlich stärker als bei den meisten anderen Kindern des gleichen Alters. Die Probleme äußern sich typischerweise vor allem im Umgang mit vertrauten Erwachsenen, Geschwistern oder Gleichaltrigen.

Beispiel Paul
Eigentlich macht der fünfjährige Paul nur das, was ihm gefällt. Aufforderungen seiner Mutter, beispielsweise seine dreckigen Schuhe auszuziehen, werden nicht befolgt. Wenn seine Mutter ihn ermahnt, fühlt er sich sofort ungerecht behandelt und wird wütend. Häufig macht er irgendeinen Unsinn – mal malt er seinen Kleiderschrank an, mal schneidet er die neue Tischdecke durch, mal spielt er im Blumenbeet Ball. Natürlich weiß Paul eigentlich ganz genau, dass all das nicht erlaubt ist, aber um Grenzen und Verbote kümmert er sich so gut wie nie. „Ist mir doch egal!", bekommt Pauls Mutter dann zu hören. Seine kleine Schwester traktiert er regelrecht. Wenn die Mutter ihn dann zur Rede stellt, erhält sie nur eine freche Antwort, und wenn seine Mutter nach mehrfacher Aufforderung den Fernseher einfach ausmacht oder ihm das Tablet einfach wegnimmt, bekommt Paul solch einen Wutanfall, dass seine Mutter gar nicht mehr weiß, wie sie ihn stoppen kann.

? *Lehnt Ihr Kind sich häufiger gegen Aufforderungen auf oder ist es häufiger oppositionell als Gleichaltrige?*

Entwicklungsrückstände

Auch andere Probleme können begleitend zu hyperkinetischen Auffälligkeiten auftreten und eine zusätzliche Belastung für die Kinder und deren Familien darstellen, so beispielsweise verschiedene Entwicklungsrückstände. Diese können in unterschiedlichen Bereichen auftreten:

- In der *körperlichen Geschicklichkeit* haben die Kinder oft größere Probleme als andere Kinder gleichen Alters. Solche Probleme fallen vor allem beim Malen und bei Beschäftigungen mit der Schere auf, zum Teil aber auch beim Klettern auf dem Spielplatz.
- Beim *Sprechen und in der Sprache* sind die Kinder oft nicht so weit wie andere in ihrem Alter. Es fällt ihnen noch schwerer als anderen, die Laute richtig zu bilden, und sie sind dadurch manchmal schwer zu verstehen. Manchmal haben Sie auch noch einen geringeren Wortschatz als andere Kinder; oder sie sprechen noch in sehr kurzen Sätzen und machen dabei auch noch mehr Fehler. Manchmal können diese Kinder auch andere noch nicht so gut verstehen, weil sie einige Worte noch nicht kennen.
- Manchmal haben sie auch noch größere Schwierigkeiten, mit ihren Augen Muster zu erkennen oder sich Gesehenes zu merken. Dies kann man beispielsweise bei Wahrnehmungsspielen wie Puzzles oder auch bei Gedächtnisspielen (z.B. Memory) erkennen.

? Hat Ihr Kind Entwicklungsrückstände in der körperlichen Geschicklichkeit, beim Sprechen oder in der Sprache?

Unsicherheit und mangelndes Selbstvertrauen

Zudem leiden viele unaufmerksame, unruhige und/oder impulsive Kinder durch viele negative Erfahrungen und Rückmeldungen zunehmend an Unsicherheit und mangelndem Selbstvertrauen. Da sie häufig Ablehnung von anderen Menschen erfahren – sei es von Gleichaltrigen, von Eltern oder von Erziehern –, aber auch selbst eigene Schwächen erfahren (z.B. beim Malen und Basteln im Vergleich zu anderen Kindern), entwickeln einige Kinder mit der Zeit Ängste und Unsicherheiten und trauen sich weniger zu als andere. Da die hyperaktiven, impulsiven und unaufmerksamen Verhaltensweisen mehr ins Auge springen, fallen diese Schwierigkeiten häufig zunächst weniger auf.

? Ist Ihr Kind unsicher oder ängstlich?

? Hat Ihr Kind ausreichend Selbstvertrauen oder eher nicht?

Ablehnung durch Gleichaltrige und belastete Beziehungen zu Erwachsenen

Zusätzlich haben viele unaufmerksame, unruhige und/oder impulsive Kinder mit einer Ablehnung durch Gleichaltrige zu kämpfen. Dafür gibt es verschiedene Gründe. Häufig stören diese Kinder andere wegen ihrer Unruhe und Impulsivität ständig beim Spiel. Oft zeigen sie auch zusätzlich aggressive Verhaltensweisen, wegen denen sie als Störenfriede empfunden werden. Zusätzlich kann es ein Problem sein, dass viele Kinder mit diesen Verhaltensproblemen versuchen, andere zu dominieren und zu kontrollieren.

Auch die Beziehungen zu Erwachsenen sind häufig belastet. Die Eltern haben oft Streit und Konflikte mit ihrem Kind und sind oft sehr verzweifelt. Nicht selten haben sie den Eindruck, mit ihrem Kind überhaupt nicht mehr zurechtzukommen und in ihrer Erziehung versagt zu haben. Auf der anderen Seite hat das Kind häufig das Gefühl, von seinen Eltern nur noch abgelehnt zu werden, egal, was es tut. Im Kindergarten oder später in der Schule ist die Beziehung zwischen dem Kind und dem Erzieher/der Erzieherin bzw. dem Lehrer/der Lehrerin oft ähnlich angespannt.

Erfährt Ihr Kind viel Ablehnung?

Wie viele gute Freunde hat Ihr Kind?

Wie würden Sie die Beziehung zu Ihrem Kind beschreiben?

? Erfahren Sie selbst aufgrund des Verhaltens Ihres Kindes manchmal Ablehnung von anderen Menschen?

3. Was sind die Ursachen von ADHS?

Heutzutage geht man bei der Entwicklung einer ADHS von einem sogenannten multifaktoriellen Geschehen aus. Das bedeutet, dass meist mehrere Faktoren eine Rolle bei der Entwicklung der Probleme spielen und die Schwierigkeiten nicht auf eine einzige Ursache zurückgeführt werden können.

Bis heute gibt es keine eindeutige und allumfassende Erklärung für die Entstehung einer ADHS. Die meisten Wissenschaftler sind sich allerdings einig, dass die Hauptursachen der Problematik in Veränderungen der Funktionsweise des Gehirns bestehen und dass dafür vor allem erbliche Faktoren, aber auch Komplikationen während der Schwangerschaft, der Geburt oder der Neugeborenenperiode verantwortlich sind. Allerdings können die Bedingungen, unter denen die Kinder in der Familie, im Kindergarten und später in der Schule aufwachsen, die Ausprägung und den Verlauf der Auffälligkeiten erheblich beeinflussen.

Der gegenwärtige Wissensstand zu diesen Faktoren lässt sich wie folgt zusammenfassen:

a) Neue Studien lassen vermuten, dass *erbliche Faktoren* bei der Entwicklung einer ADHS der bedeutendste Faktor sind. Hinweise darauf geben die unterschiedlichen Häufigkeiten, mit denen die Störung bei Jungen im Vergleich zu Mädchen auftritt, das gehäufte Vorkommen ähnlicher Auffälligkeiten bei den Eltern von Kindern mit ADHS und Studien mit eineiigen und zweieiigen Zwillingen.

? Gibt es in Ihrer Familie jemanden, der ähnliche Probleme wie Ihr Kind hatte oder hat?

b) Früher ging man davon aus, dass ADHS in einem engen Zusammenhang mit *Komplikationen während der Schwangerschaft, der Geburt oder in der Neugeborenenperiode* steht (z.B. vorzeitige Wehentätigkeit, Nabelschnurumschlingung bei der Geburt oder ein Sturz des Kindes vom Wickeltisch), die eine Beeinträchtigung der Hirnfunktionen nach sich ziehen können, sogenannte minimale Hirnfunktionsstörungen oder *Minimale Cerebrale Dysfunktionen (MCD)*. Inzwischen weiß man jedoch, dass der Zusammenhang zwischen diesen Komplikationen und den ADHS-Auffälligkeiten weniger eng ist als ursprünglich vermutet. Allerdings haben früh geborene Kinder mit einem sehr geringen Geburtsgewicht (unter 1500 g) ein erhöhtes Risiko, später ADHS-Auffälligkeiten zu entwickeln. Gleiches gilt für Kinder, deren Mütter während der Schwangerschaft übermäßig viel Alkohol getrunken oder geraucht haben. Bei der Mehrzahl der Kinder mit ADHS lassen sich aber derartige Komplikationen während der Schwangerschaft, der Geburt oder in der Neugeborenenperiode als Ursache der Störung ausschließen.

? Gab es bei Ihrem Kind solche Komplikationen?

c) Neben den Störungen der Funktionsweise des Gehirns stehen auch Umweltfaktoren im Zusammenhang mit der Entwicklung einer ADHS. Zwar kommen die *familiären Bedingungen* wie auch die *Bedingungen im Kindergarten und in der Schule* nicht als alleinige Ursache der Störung infrage, sie können aber einen erheblichen Einfluss auf die Ausprägung der Symptomatik und ihren weiteren Verlauf ausüben. Wir haben im letzten Baustein bereits besprochen, wie schnell man als Eltern und auch als Erzieherin oder Erzieher und später als Lehrerin oder Lehrer in einen Teufelskreis geraten kann und wie sich dadurch die Probleme verschlimmern können.

? Können Sie Belastungen in der Familie oder im Kindergarten erkennen, die eine Rolle spielen könnten?

4. Wie entwickeln sich die Kinder weiter?

Üblicherweise zeigen sich die Auffälligkeiten einer ADHS vor dem Schulalter; meist lassen sie sich spätestens im Alter von 5 bis 6 Jahren gut erkennen. Häufig fallen betroffene Kinder aber schon im Kleinkindalter auf. Mit Beginn des Jugendalters vermindert sich vor allem die körperliche Unruhe, während Aufmerksamkeitsprobleme und impulsive Handlungen häufig bestehen bleiben und die Zeit der Pubertät oft besonders turbulent verläuft.

? Wann haben die Verhaltensprobleme bei Ihrem Kind begonnen?

Im Folgenden werden die einzelnen Entwicklungsphasen kurz beschrieben.

Säuglings- und Kleinkindalter

Bei vielen, aber nicht allen Kindern mit ADHS bemerken Eltern schon im ersten Lebensjahr ein extrem hohes Maß an Aktivität, Schlaf-, Fütter- und Verdauungsprobleme sowie häufiges Schreien. Allerdings gibt es auch viele Säuglinge, die durch diese Verhaltensweisen auffallen, später aber keine ADHS entwickeln. Umgekehrt gibt es Kinder mit ADHS, die als Säuglinge völlig unauffällig waren.

? Wie war Ihr Kind im Kleinkindalter?

Kindergartenalter

Die deutlichsten Merkmale bei Kindern mit ADHS im Alter von 3 bis 6 Jahren sind allgemeine Anzeichen von motorischer Unruhe und extremer Umtriebigkeit. Die Kinder haben große Schwierigkeiten, in ein ruhiges und ausdauerndes Spiel zu finden. Da im Kindergarten oft wesentlich mehr Reize auf das Kind einströmen, die es ablenken können, sind die Auffälligkeiten dort manchmal stärker ausgeprägt als in der Familie. Zudem fallen viele Kinder im Kindergartenalter durch extreme Wutausbrüche und das Nichtbeachten von Grenzen und Anweisungen auf. Bei anderen treten Rückstände in der Entwicklung der Sprache, des körperlichen Bewegungsablaufes oder des freien Zeichnens auf.

? Wie kommt Ihr Kind im Kindergarten zurecht?

Grundschulalter

Häufig nehmen die Schwierigkeiten mit der Einschulung deutlich zu, da die Schule Anforderungen an Ruhe, Ausdauer und Konzentrationsfähigkeit der Kinder stellt, denen sie oft nicht gewachsen sind. Die Hausaufgaben werden in dieser Zeit häufig zum Hauptproblem innerhalb der Familie, das Kinder und auch ihre Eltern sehr belasten kann. Die meisten Kinder mit ADHS unterscheiden sich in ihrer grundlegenden Begabung nicht von Gleichaltrigen. Dennoch treten häufig schlechte Leistungen in der Schule, vor allem Probleme beim Lesen- und Schreibenlernen, auf – allerdings ist dies nicht immer der Fall. Viele Kinder (und Eltern) verlieren angesichts der beschriebenen Schwierigkeiten sehr schnell die Lust am Lernen.

Welche Sorgen machen Sie sich, wenn Sie an die Einschulung und Schulzeit Ihres Kindes denken?

Jugendalter
Meist verringert sich mit Beginn der Pubertät die körperliche Unruhe der Kinder. Bisher ist nicht ganz klar, warum dies so ist. Aufgrund der hohen Regelmäßigkeit dieser Veränderung im Jugendalter vermutet man jedoch, dass körperliche Reifungsprozesse, vor allem Reifungsprozesse im Gehirn, eine zentrale Rolle spielen. Neben der motorischen Unruhe vermindern sich häufig auch die Konzentrationsprobleme und die Impulsivität mit dem Alter; im Vergleich zu Gleichaltrigen haben Jugendliche mit ADHS allerdings häufig noch stärkere Schwierigkeiten in diesen Bereichen. Bei Kindern mit einem günstigen Verlauf der Problematik zeigen sich manchmal keine Unterschiede mehr im Vergleich zu Gleichaltrigen, auch wenn sie immer noch als sehr lebendig gelten. Die Pubertät kann dennoch recht turbulent verlaufen, insbesondere, wenn die Jugendlichen schon vorher oppositionelle und aggressive Verhaltensprobleme gezeigt haben.

Welche Sorgen machen Sie sich, wenn Sie an das Jugendalter Ihres Kindes denken?

Erwachsenenalter
Die Verhaltensprobleme können bis ins Erwachsenenalter hinein anhalten. Betroffene haben oft Schwierigkeiten in mehreren Lebensbereichen, insbesondere im Berufsleben und in engen Beziehungen, aber auch in Bezug auf Regelverstöße, z. B. im Straßenverkehr. Bei anderen geht mit dem Eintritt ins Erwachsenenalter eine weitere Verminderung der Probleme einher.

5. Was kann Ihrem Kind helfen?

Eltern von Kindern mit ADHS können eine Reihe von Therapien und Unterstützungsmöglichkeiten nutzen. Dabei sollte Kernziel einer jeden Hilfestellung sein, das Familienleben, den Kindergarten- und später den Schulalltag des Kindes wieder in harmonische Bahnen zu lenken. Wichtig ist, dass Sie nicht versuchen sollten, Ihr Kind von Grund auf zu verändern! Zum einen ist dies gar nicht möglich, zum anderen würden Sie selbst und Ihr Kind damit nicht glücklich werden.

Kernprobleme der ADHS verringern

Um die Kernprobleme der ADHS zu vermindern, können Sie

- versuchen, ein umfassenderes Verständnis für die Probleme Ihres Kindes zu entwickeln,
- durch mehr Wissen und genaue Beobachtung häufiger voraussehen, wie Ihr Kind reagieren könnte, und sich besser „wappnen",
- hilfreiche Erziehungsstrategien zu Hause anwenden,
- mit dem Kindergarten über spezielle Hilfestellungen für den Kindergartenalltag und ggf. über Fördermöglichkeiten sprechen,
- eine Verhaltenstherapie für Ihr Kind beginnen, bei der auch Sie in einem Elterntraining angeleitet werden, günstige Erziehungsstrategien anzuwenden, und bei der ggf. auch die Erzieherinnen und Erzieher im Kindergarten beraten werden,
- Ihrem Kind sogenannte mehrfach ungesättigte Fettsäuren (Omega-3- und Omega-6-Fettsäuren) regelmäßig und über längere Zeit geben (in der Apotheke ohne Rezept erhältlich).

Im Einzelfall kann der Arzt/die Ärztin auch bei Kindern im Vorschulalter eine medikamentöse Behandlung in Betracht ziehen, obwohl diese in der Regel erst ab dem Schulalter durchgeführt wird.

? Welche Hilfsmöglichkeiten können oder wollen Sie nutzen?

? Welche Hilfsmöglichkeiten nutzen Sie bereits?

Auf diese Möglichkeiten gehen wir gleich noch näher ein. Viele Kinder mit ADHS haben jedoch noch weitere Probleme. Diese zusätzlichen Probleme vermindern sich manchmal schon mit der Behandlung der hyperkinetischen Auffälligkeiten, weshalb es sinnvoll ist, zunächst diese Auffälligkeiten zu behandeln.

Zusätzliche Probleme bei ADHS verringern

Für Kinder mit zusätzlichen Problemen haben sich bewährt:

- Ergotherapie (Beschäftigungstherapie) oder Mototherapie (spezielle Bewegungstherapie) für Kinder mit Beeinträchtigungen in der Körperkoordination oder der Feinmotorik,

- ergänzende psychologische (oder im Einzelfall pharmakologische) Therapien zur Behandlung zusätzlicher psychischer Probleme des Kindes.
- Das Jugendamt kann Hilfen für Familien und für Kinder bereitstellen, wenn die Familien insgesamt in der Erziehung überfordert oder durch andere Belastungen stark beeinträchtigt sind oder wenn das Kind sehr stark psychisch beeinträchtigt ist.

Grundsätzlich sollte bei der Auswahl der Hilfsmaßnahmen für Kinder mit ADHS beachtet werden, dass die Maßnahmen in dem Bereich ansetzen, in dem es Probleme gibt: beim Kind selbst, in der Familie oder im Kindergarten bzw. später in der Schule. Es ist sehr wichtig, sich an diesem Prinzip zu orientieren, da die meisten Hilfsmaßnahmen eine sehr spezifische Wirkung haben. So ist beispielsweise nicht zu erwarten, dass sich neben den Koordinationsstörungen, die viele Kinder mit ADHS zeigen, durch Bewegungstherapie oder Krankengymnastik auch ADHS-Symptome in der Familie oder im Kindergarten vermindern. Ebenso wenig sollten Sie erwarten, dass sich durch Maßnahmen in der Familie auch Probleme im Kindergarten vermindern lassen und umgekehrt. Um dem Kind und seinen Bezugspersonen wirkungsvoll helfen zu können, ist deshalb in der Regel eine Kombination von Maßnahmen günstig und notwendig.

Was kann man in der Familie tun?

Wenn Verhaltensauffälligkeiten in der Familie auftreten, sollte in der Familie etwas unternommen und verändert werden. Sie können dies selbstständig versuchen oder auch die Unterstützung von „Profis" in Anspruch nehmen. Wenn Sie sich an eine Psychotherapeutin/einen Psychotherapeuten oder eine Ärztin oder einen Arzt wenden, wird er sehr eng mit Ihnen zusammenarbeiten und mit Ihnen gemeinsam überlegen, welche Maßnahmen und Schritte in Ihrer Familie erfolgversprechend sein können. Der Wunsch, sein Kind zu einem Therapeuten zu bringen, der mit dem Kind in seinen vier Wänden eine Behandlung durchführt und dadurch die Probleme in der Familie löst, ist nachvollziehbar, aber nicht realistisch. Eine Arbeit ausschließlich mit dem Kind führt bei diesen speziellen Problemen selten zum Erfolg. Ein Therapeut/eine Therapeutin wird zwar auch mit dem Kind arbeiten, wird Sie aber sehr intensiv in diese Arbeit einbeziehen. Er/Sie wird mit Ihnen Maßnahmen besprechen, die Sie selbst zu Hause durchführen können, sodass auf diesem Weg Veränderungen in der Familie erreicht werden.

Also:

Hauptansatzpunkt bei Kindern mit ADHS-Symptomen oder oppositionellen Verhaltensauffälligkeiten in der Familie ist die Familie selbst. Dies gilt auch für die Arbeit mit diesem Buch, das Sie als Eltern bearbeiten.

In den folgenden Bausteinen werden wir genau solche Interventionen mit Ihnen einüben.

Was kann man im Kindergarten tun?

Bei der Veränderung der Verhaltensprobleme im Kindergarten ist eine Mitarbeit der Erzieherinnen und Erzieher sehr günstig und erfolgversprechend. Durch klare Strukturen, den Aufbau einer positiven Beziehung zum betreffenden Kind, viel Lob, aber auch klare Konsequenzen können Erzieherinnen und Erzieher diese Kinder unterstützen. Streben Sie als Eltern einen engen Austausch mit dem Kindergarten an. Erzieherinnen und Erzieher haben oft eigene gute Ideen, sie können sich aber auch in Ratgebern, die am Ende dieses Bausteins genannt werden, weitere Hilfen holen und sie können sich auch am konkreten Fall eines Kindes von dem Psychotherapeuten/der Psychotherapeutin oder dem Arzt/der Ärztin, der/die dieses Kind behandelt, beraten lassen. Zudem gibt es spezielle Trainings für Erzieherinnen und Erzieher zum Thema ADHS.

Haben Sie schon hilfreiche Methoden zur Bewältigung von Problemen im Kindergarten gefunden?

Was kann man später in der Schule tun?

In der Schule zeigen die meisten Kinder mit ADHS einerseits Verhaltensprobleme, sind also unkonzentriert, motorisch unruhig, impulsiv und oft auch oppositionell, und andererseits Leistungsprobleme. Beim Vorliegen deutlicher Leistungsprobleme ist es wichtig, dass eine psychologische Diagnostik durchgeführt wird, in der die Intelligenz untersucht und das Vorliegen umschriebener Leistungsstörungen (z. B. Lese-/Rechtschreibstörung) überprüft wird. Eine angemessene Beschulung ist die Grundvoraussetzung für die Veränderung der schulischen Probleme. So ist eine entsprechende Förderung beim Vorliegen umschriebener Leistungsprobleme sehr wichtig. Wie auch bei den Verhaltensproblemen im Kindergarten ist bei der Veränderung der Verhaltensprobleme im Unterricht eine Mitarbeit der Lehrerin/des Lehrers sehr günstig und erfolgversprechend. Unterstützungsmöglichkeiten für Lehrerinnen und Lehrer gibt es wie auch im Kindergartenbereich durch Ratgeber oder auch durch die Ärztin/den Arzt oder die Psychotherapeutin/den Psychotherapeuten einzelner Kinder. Sie als Eltern sollten später ebenfalls einen engen Austausch mit der Schule anstreben. Falls die regulären Fördermöglichkeiten in der Schule nicht ausreichen und die Schülerinnen und Schüler nicht mehr tragbar für den Unterricht oder das soziale Miteinander sind, kann von der Schule ein Förderbedarf festgestellt werden und es können entsprechende Fördermaßnahmen in der Schule eingeleitet werden. Alternativ kann eine Beschulung in einer Förderschule in Betracht gezogen werden.

Ist Psychotherapie hilfreich?

Es gibt verschiedene psychotherapeutische Verfahren für Kinder. Für Kinder mit ADHS hat sich unter diesen Verfahren besonders die Verhaltenstherapie bewährt. Solche Verhaltenstherapien werden teilweise von Beratungsstellen (z. B. Familienberatungsstellen), von sozialpädiatrischen Zentren und von Frühförderstellen, vor allem aber von niedergelassenen psychologischen Psychotherapeuten/Psychotherapeutinnen, ärztlichen Psychotherapeuten/Psychotherapeutinnen und speziellen Kinder- und Jugendlichenpsychotherapeuten/-therapeutinnen oder in Praxen für Kinder- und Jugendpsychiatrie angeboten. Sie müssen aber gezielt nachfragen, ob die Therapeutinnen/Therapeuten Verhaltenstherapie anbieten und auf Kinder- und Jugendlichentherapie spezialisiert sind. Leider gibt es in den meisten Regionen immer noch viel zu wenige Therapeuten/Therapeutinnen, die diese Therapien anbieten können.

Ziehen Sie die Möglichkeit einer Verhaltenstherapie für Ihr Kind in Betracht?

? Denken Sie, eine Verhaltenstherapie könnte bei Ihrem Kind hilfreich sein?

Unter dem Begriff der Verhaltenstherapie werden verschiedene psychologische Behandlungsformen zusammengefasst, die sich an das Kind selbst, die Familie und/oder die Kindergärten bzw. Schulen richten können:

- An die *Familien:* Elterntrainings und Interventionen in der Familie, die auf die Verminderung von hyperaktivem, impulsivem und unaufmerksamem sowie oppositionellem und aggressivem Verhalten des Kindes hauptsächlich in der Familie abzielen;
- An die *Kindergärten oder Schulen:* Interventionen im Kindergarten oder in der Schule die auf die Verminderung von hyperaktivem, impulsivem und unaufmerksamem sowie oppositionellem und aggressivem Verhalten des Kindes oder Jugendlichen hauptsächlich im Kindergarten oder in der Schule abzielen;
- An die *Kinder* selbst: Direkte Therapie des Kindes, die dem Kind helfen soll, die ADHS-Symptome sowohl in der Therapiesitzung als auch in seinem alltäglichen Umfeld zu vermindern. Im Vorschulalter zählt hierzu beispielsweise ein Spieltraining, mit dem eine Verbesserung der Spiel- bzw. Beschäftigungsintensität und der Spielausdauer erzielt werden kann.

Zur Optimierung der Effekte der Therapie in den verschiedenen Lebensbereichen des Kindes (Kindergarten, Familie, Freizeitbereich) werden diese verschiedenen Behandlungsformen häufig miteinander kombiniert. In umfassenden nationalen und internationalen Studien zur Untersuchung der Wirksamkeit dieser Behandlungsmethoden bei Kindern mit ADHS (auch speziell für das Vorschulalter) erwiesen sich die Interventionen in der Familie und im Kindergarten als besonders wirksam. Die Behandlungsbausteine, die sich an das Kind selbst wenden, sind bei Vorschulkindern noch nicht gut untersucht. Es gibt jedoch beispielsweise auch in Deutschland erste Hinweise aus Untersuchungen, dass sogenannte Spieltrainings, bei denen Vorschulkinder lernen, ausdauernder und intensiver zu spielen, wirkungsvoll sein können. Bei Kindern im Schulalter hat sich gezeigt, dass kindzentrierte Behandlungsbausteine für sich alleine weniger wirksam waren als Behandlungsmaßnahmen in der Familie und in der Schule – für das Vorschulalter wird dies wahrscheinlich umso mehr gelten.

Hilft es, die Ernährung umzustellen?

In den letzten Jahrzehnten wurden verschiedene spezielle Diäten auf ihre Wirksamkeit bei Kindern mit ADHS untersucht. Meist waren die Ergebnisse nicht eindeutig. In den letzten Jahren konnte aber in mehreren Studien ein gewisser, allerdings geringer Einfluss von Nahrungsmittelzusätzen (vor allem von Farbstoffen) auf ADHS-Symptome nachgewiesen werden. Allerdings wurden mittlerweile solche Zusätze auch aus vielen Nahrungsmitteln entfernt. In mehreren Studien wurden jedoch positive Effekte sogenannter mehrfach ungesättigter Fettsäuren, den Omega-3- und Omega-6-Fettsäuren, nachgewiesen, die regelmäßig eingenommen wurden. Weitere Studien wären allerdings notwendig, um die Stärke dieser Effekte besser abschätzen zu können. Da diese Zusätze so gut wie keine Nebenwirkungen haben, kann es auch heute schon durchaus sinnvoll sein, einen Versuch über mehrere Monate hinweg zu unternehmen. Entsprechende Präparate sind in der Apotheke ohne Rezept erhältlich.

Sind Medikamente hilfreich?

Es gibt kein zugelassenes Fertig-Arzneimittel zur Behandlung von ADHS bei Kindern unter dem Alter von 6 Jahren. Studien zur Wirksamkeit von Medikamenten mit dem Wirkstoff Methylphenidat bei Kindern im

Alter von 4 bis 6 Jahren zeigen, dass solche Medikamente auch in dieser Altersgruppe wirkungsvoll sein können. Allerdings ist die Wirksamkeit möglicherweise etwas geringer als im Schulalter und es treten häufiger Nebenwirkungen auf. Deshalb sollten im Vorschulalter in erster Linie verhaltenstherapeutische Verfahren, einschließlich Elterntrainings, eingesetzt werden. Eine medikamentöse Therapie kann bei Kindern mit sehr starker Symptomatik dann in Erwägung gezogen werden, wenn diese Maßnahmen nicht hinreichend wirkungsvoll sind. Ärzte/Ärztinnen können dann in einem individuellen Heilversuch die Wirksamkeit des Medikamentes im Einzelfall überprüfen. In der Regel beginnt man mit einer relativ geringen Dosis, um diese dann schrittweise zu steigern. Die Wirkungen und Nebenwirkungen müssen in jedem Einzelfall genau überprüft werden.

Bei Kindern mit ADHS im Schulalter kann eine medikamentöse Therapie eine wichtige Komponente in der Behandlung sein. In manchen Fällen ist eine medikamentöse Behandlung sogar eine bedeutsame Voraussetzung für den Einsatz anderer Behandlungsformen. Am häufigsten werden sogenannte Psychostimulanzien (Methylphenidat oder Dexamphetamin) in der medikamentösen Therapie von ADHS eingesetzt. Man unterscheidet Medikamente mit kurzer Tageswirkdauer und Medikamente mit längerer Tageswirkdauer. Eine weitere medikamentöse Behandlungsmöglichkeit besteht durch Arzneimittel, die einen anderen Wirkmechanismus haben. Ihr Arzt oder Ihre Ärztin wird Sie über die verschiedenen möglichen Arzneimittel informieren.

Bei mindestens 70 % der Kinder mit ausgeprägter ADHS lässt sich durch die Medikamente eine deutliche Verminderung der Auffälligkeiten erreichen. Es ist allerdings zu bedenken, dass die Wirkung der Medikamente nur so lange andauert, wie sie verabreicht werden. In der Regel ist daher eine längerfristige, d. h. mehrjährige, medikamentöse Behandlung und oft auch eine Kombination mit anderen Behandlungsmaßnahmen notwendig.

In der überwiegenden Zahl der Fälle sind die Nebenwirkungen einer Behandlung mit den bei ADHS üblichen Medikamenten gering. Häufig treten sie nur vorübergehend auf und verschwinden mit Absetzen der Medikation fast immer. Eine Überprüfung der Wirksamkeit einer Behandlung mit diesen Medikamenten ist daher in der Regel ohne größeres Risiko möglich. Die häufigsten möglichen Nebenwirkungen sind Schlafstörungen und Appetitminderung. Manchmal kommen auch Weinerlichkeit oder Zuckungen (Tics) oder auch andere psychische Auffälligkeiten vor. Blutdruck und Herzfrequenz können sich erhöhen. Diese Nebenwirkungen sind allerdings meist nicht sehr stark oder lassen sich durch eine Verminderung der Dosierung abschwächen. Sowohl beim Behandlungsversuch als auch unter der Dauertherapie ist dennoch eine regelmäßige Kontrolle, auch von Körpergewicht und Körpergröße, notwendig.

Eine medikamentöse Therapie ist im Schulalter oft hilfreich, aber nicht immer notwendig. Sie wird vor allem bei Kindern mit mittelgradiger oder starker ADHS-Symptomatik eingesetzt und auch dann, wenn andere Therapien nicht genügend geholfen haben oder gar nicht zur Verfügung stehen. Eine Kombination mit anderen Therapien und Hilfen ist vor allem dann sinnvoll, wenn die medikamentöse Therapie allein nicht ausreichend ist. Eine medikamentöse Therapie sollte jedoch immer zumindest in eine regelmäßige Beratung eingebettet sein.

Wenn Sie Fragen zur medikamentösen Therapie haben, wenden Sie sich an Ihre Ärztin oder Ihren Arzt.

Weitere Informationen zur ADHS und zu den Therapiemöglichkeiten

Döpfner, M. & Schürmann, S. (2017). *Wackelpeter & Trotzkopf. Hilfen für Eltern bei ADHS-Symptomen, hyperkinetischem und oppositionellem Verhalten* (5., aktualisierte Auflage). Weinheim: Beltz.

Döpfner, M., Frölich, J. & Wolff Metternich-Kaizman, T. (2019). *Ratgeber ADHS. Informationen für Betroffene, Eltern, Lehrer und Erzieher zu Aufmerksamkeitsdefizit-/Hyperaktivitätsstörungen* (3., aktualisierte Auflage). Göttingen: Hogrefe.

ADHS-Infoportal unter www.adhs.info

Baustein 3

Sich wieder mögen lernen

Materialien zum Baustein 3
Memokarte 1: Was mögen Sie an Ihrem Kind? und Positiv-Tagebuch
Memokarte 2: Schaffen Sie mehr gemeinsame positive Zeiten
Türschild: Spaß- und Spielzeit! Bitte nicht stören!

→ Sie finden die Materialien am Ende des Bausteins (s. Seite 70) und als PDF-Download (s. Seite 173).

Kennen Sie das?

Schon morgens hat Pauls Mutter die Nase voll. Bereits vor dem Kindergarten raubt Paul ihr durch sein Verhalten den letzten Nerv. Ständig treibt er irgendeinen Unfug, verbreitet Unruhe und ärgert seine Schwester. Das geht den ganzen Tag über so weiter. Pauls Mutter hat das Gefühl, dass sie in letzter Zeit überhaupt keine schönen Erfahrungen mehr mit Paul gemacht hat. Früher haben sie oft miteinander gespielt oder gekuschelt. Diese angenehmen Stunden sind leider selten geworden. Die Mutter hat das Gefühl, dass sie nur noch damit beschäftigt ist, mit Paul zu schimpfen und ihn zu ermahnen. Sie hat den Eindruck, dass er sich ständig danebenbenimmt und sie sich kaum noch über ihn freuen kann. Paul fühlt sich aber genauso: Er kennt seine Mama nur noch schimpfend und denkt manchmal, dass sie ihn gar nicht mehr gern hat.

? Fühlen Sie sich auch manchmal so wie die Mutter von Paul?
(Sie können hier Ihre Erfahrungen stichwortartig aufschreiben.)

© Klaus Gehrmann

Was wollen wir mit diesem Baustein erreichen?

Liebe Eltern!

Im ersten Baustein haben wir Ihnen bereits den Teufelskreis vorgestellt, in den auch Paul und seine Mutter geraten sind: Durch eine Vielzahl schwieriger Situationen mit dem Kind haben die Eltern das Gefühl, dass sie kaum noch schöne Erlebnisse mit ihrem Kind haben. Den Kindern geht es oft genauso. Sie haben das Gefühl, dass die Eltern nur noch mit ihnen schimpfen, egal, was sie tun. Wenn Eltern in einem solchen Teufelskreis stecken, nehmen sie oft nur noch die Probleme wahr und können die schönen Erlebnisse mit ihrem Kind kaum mehr sehen.

? Haben Sie auch manchmal das Gefühl, dass es kaum noch schöne Momente zwischen Ihnen und Ihrem Kind gibt?

Für die Eltern ist der Umgang mit den häufigen Verhaltensproblemen ihres Kindes sehr anstrengend. Zeigt das Kind jedoch einmal ein erwünschtes Verhalten, beschäftigen sich die Eltern häufig mit bisher liegengebliebenen Tätigkeiten und beachten ihr Kind nicht weiter. Dies ist jedoch eine Falle: Das Kind bekommt die Aufmerksamkeit der Eltern hauptsächlich dann, wenn es sich problematisch verhält, und immer seltener, wenn es Regeln und Aufforderungen befolgt und es gut läuft. Der Teufelskreis kann sich so weit zuspitzen, dass das Kind nur die Aufmerksamkeit seiner Eltern gewinnen kann, wenn es sich „danebenbenimmt". Um dieser Entwicklung entgegenzusteuern, sollten Sie versuchen, wieder vermehrt schöne und angenehme Zeiten mit Ihrem Kind zu verbringen. Dies ermöglicht Ihrem Kind die Erfahrung, dass Sie sich nicht nur dann Zeit nehmen, wenn es Probleme gibt.

© Klaus Gehrmann

? In welchen Situationen haben Sie sich über Ihr Kind in der letzten Woche geärgert?

? In welchen Situationen haben Sie sich über Ihr Kind in der letzten Woche gefreut?

In diesem Baustein möchten wir Ihnen Möglichkeiten aufzeigen, die Ihnen helfen können, den Teufelskreis anzuhalten und sich wieder mögen zu lernen. Im ersten Teil werden wir besprechen, wie Sie es schaffen, auch die angenehmen Erlebnisse mit Ihrem Kind und die guten Seiten an ihm vermehrt wahrzunehmen. Im zweiten Teil werden wir Ihnen verschiedene Möglichkeiten vorstellen, die Ihnen helfen können, wieder mehr schöne und angenehme und damit „wertvolle" Zeit mit Ihrem Kind zu verbringen.

? Können Sie sich vorstellen, dass mehr positive Zeit mit Ihrem Kind helfen kann, dass die Probleme langsam weniger werden?

Kernziel dieses Bausteins ist es, die Beziehung zwischen Ihnen und Ihrem Kind zu stärken, es geht also noch nicht darum, konkrete Verhaltensprobleme zu verändern. Dennoch ist dieser Baustein außerordentlich wichtig, denn Sie schaffen mit ihm wichtige Grundlagen, die notwendig sind, um durch weitere Maßnahmen die Verhaltensprobleme Ihres Kindes effektiv zu vermindern. Erst nach der Förderung einer starken positiven Beziehung zwischen Eltern und Kind können die nächsten Schritte helfen, nämlich klare Regeln aufzustellen und positive wie negative Konsequenzen zu setzen, auf die wir in den folgenden Bausteinen noch zu sprechen kommen.

Das kann Ihnen helfen!

Teil 1:
Was mögen Sie an Ihrem Kind?

Ein erster Schritt, den Teufelskreis zu durchbrechen, besteht darin, wieder vermehrt die positiven Eigenschaften Ihres Kindes und die angenehmen Erlebnisse mit Ihrem Kind zu beachten. Sicherlich gibt es doch neben den vielen bestehenden Problemen immer noch Dinge, die Sie an Ihrem Kind mögen und die es gut macht. Wichtig ist, dass es nicht darum geht, vorhandene Probleme schönzureden. Vielmehr wollen wir Ihnen einige Vorschläge machen, die Ihnen helfen können, eine möglicherweise einseitige negative Sichtweise etwas zu verändern. Wenn es viele Schwierigkeiten gibt, hat man nämlich oft irgendwann den Eindruck, dass es nur noch Probleme gibt, und die positiven Dinge werden leicht übersehen.

Es ist sehr wichtig, dass Sie die positiven Eigenschaften Ihres Kindes und die schönen Erlebnisse mit ihm wieder vermehrt wahrnehmen und ihm dies auch rückmelden, auch wenn sich mit diesen Maßnahmen sicher nicht alle Probleme lösen lassen. Nach unseren Erfahrungen leisten sie aber einen wichtigen Beitrag zur Verbesserung der Stimmung in der Familie. Zudem bilden sie die Grundlage dafür, dass sich Spannungen und festgefahrene Verhaltensmuster langsam wieder auflösen können.

1. Achten Sie auf das, was Ihnen an Ihrem Kind gefällt.
Überlegen Sie, in welchen Situationen Sie mit Ihrem Kind zufrieden sind und wann Sie sich über Ihr Kind freuen. Wann sind Sie stolz auf Ihr Kind? Was kann Ihr Kind gut? Beachten Sie auch Eigenschaften, Stärken und Interessen Ihres Kindes, die Ihnen gut gefallen, wie:

- Mein Kind ist sehr kreativ,
- kann sich selbstständig und ausdauernd mit seinem Lego beschäftigen,
- ist Fremden gegenüber freundlich,
- schmust gerne mit mir,
- ist freundlich und hilfsbereit,
- ist sehr offen,
- kann gut Witze erzählen und bringt andere oft zum Lachen,
- ist oft fröhlich,
- kann sich durchsetzen,
- setzt sich oft für schwächere Kinder ein,
- ist sehr schlagfertig,
- mag gerne Musik,
- interessiert sich für Fußball.

© Klaus Gehrmann

? Was gefällt Ihnen an Ihrem Kind? Bitte hier sammeln:

1.

2.

3.

4.

2. Beachten Sie auch Kleinigkeiten und „Selbstverständlichkeiten".
Machen Sie sich einmal Gedanken darüber, was im Alltag mit Ihrem Kind gut klappt. Denken Sie dabei besonders auch an Kleinigkeiten und an Dinge, die Sie möglicherweise als selbstverständlich empfinden, wie:

- Mein Kind ist morgens gut gelaunt und begrüßt mich freudig,
- putzt sich schon selbstständig die Zähne,
- freut sich über ein bestimmtes Essen,
- bleibt beim Einkaufen in der Stadt in meiner Nähe und läuft nicht vor.

? Welche Kleinigkeiten liefen mit Ihrem Kind in den letzten Tagen gut?
Bitte hier sammeln:

1.

2.

3.

4.

3. Achten Sie darauf, wenn üblicherweise schwierige Situationen besser laufen als sonst.
Wenn eine Situation, in der es häufig Schwierigkeiten gibt, z.B. das Anziehen, einmal besser klappt, beachten viele Eltern dies nicht oder sagen eher kritisch: „Warum nicht immer so?" Das erlebt das Kind jedoch mehr als Tadel. Einerseits sagen ihm seine Eltern zwar, dass es diesmal etwas gut gemacht hat, gleichzeitig schwingt jedoch die Kritik mit, dass die Situation ansonsten weniger gut klappt.

? Welche schwierigen Situationen laufen manchmal auch besser?
Bitte hier sammeln:

1.

2.

3.

4.

Deshalb ist es wichtig, dass Sie als Eltern bewusst auf Situationen achten, die manchmal auch weniger problematisch ablaufen. Oft haben Eltern den Eindruck, dass ihr Kind ein bestimmtes problematisches Verhalten immer zeigt. Allerdings trifft dies nur in den seltensten Fällen zu! In der Regel wird es immer wieder vorkommen, dass eine schwierige Situation auch einmal besser abläuft, z.B., dass Ihr Kind mit dem Aufräumen schneller beginnt als sonst. Besonders bei einem sehr unaufmerksamen, hyperaktiven und/oder impulsiven Kind ist das nicht selbstverständlich! Es ist daher sehr gut, wenn Sie es immer öfter schaffen, das weniger problematische oder unproblematische Verhalten Ihres Kindes wahrzunehmen, anzuerkennen und Ihrem Kind dies auch positiv zurückzumelden bzw. es zu loben.

4. Überlegen Sie, was Ihr Kind häufig und gern macht, und versuchen Sie, daraus seine Stärken und Interessen abzuleiten.

Notieren Sie einmal alles, was Ihr Kind häufig und gern macht. Tun Sie dies zunächst unabhängig davon, ob Sie es selbst gut finden oder nicht. Schreiben Sie ruhig auch das auf, was Sie eigentlich ausschließlich problematisch finden. Tatsächlich lassen sich Verhaltensweisen und Interessen nämlich oft nicht nur in „gut" oder „schlecht" einteilen, und auch in schwierigen Verhaltensweisen oder problematischen Interessen lässt sich mitunter Positives entdecken! Denken Sie deshalb einmal darüber nach, ob Sie an den von Ihnen notierten Verhaltensweisen (auch) etwas Positives entdecken können. Was an dem Verhalten Ihres Kindes ist (auch) erfreulich? Hier einige Beispiele, wie Sie als problematisch empfundene Verhaltensweisen auch positiv sehen können.

Was macht Ihr Kind häufig oder besonders gern?	Was ist daran (auch) positiv?
• Mein Kind ist oft „zappelig", tobt oft durch die Wohnung,	• Mein Kind ist bewegungsfreudig, aktiv und hat viel Energie,
• quasselt ununterbrochen,	• erzählt mir gerne etwas, lässt mich an seinen Ideen und Erlebnissen teilhaben,
• ist sehr impulsiv, will ständig etwas,	• ist spontan und hat sehr viele Ideen,
• wird schnell wütend, fühlt sich schnell ungerecht behandelt,	• hat einen ausgeprägten Gerechtigkeitssinn,
• möchte schon sehr oft das Handy der Mutter haben.	• ist technisch interessiert.

5. Zeigen Sie Ihrem Kind, wenn Sie etwas gut finden.

Verständlicherweise zeigen Sie Ihrem Kind, was Ihnen nicht gefällt – daher hat Ihr Kind aber auf der anderen Seite auch ein Recht darauf, zu erfahren, was Sie gut an ihm finden! Dieser Punkt ist umso wichtiger, je mehr Probleme es mit Ihrem Kind gibt. Dabei sind bereits kurze Rückmeldungen ausreichend – es genügt, wenn Sie Ihr Kind anlächeln, ihm über die Haare streichen oder einfach „gut" oder „schön" sagen. Es ist also nicht notwendig, bei jeder Kleinigkeit in „Lobgesänge" auszubrechen. Wenn Ihnen etwas Positives an Ihrem Kind auffällt, sollten Sie aber versuchen, sich ihm möglichst direkt zuzuwenden und ihm Ihre Anerkennung zu zeigen.

? Wie können Sie Ihrem Kind zeigen, dass Sie etwas gut finden?
Bitte hier sammeln:

1.

2.

3.

4.

6. Schreiben Sie abends auf, was gut gelaufen ist.

Gehen Sie abends den Tag noch einmal in Ruhe in Gedanken durch und überlegen Sie, worüber Sie sich gefreut haben oder was an diesem Tag mit Ihrem Kind gut oder besser gelaufen ist als sonst. Tragen Sie diese Ereignisse in das *Positiv-Tagebuch* (Memokarte 1; siehe Abbildung 5) ein. Überlegen und notieren Sie auch, wie Sie auf das Verhalten Ihres Kindes reagiert haben und ob und wie Sie ihm Ihre Anerkennung zeigen konnten.

7. Sprechen Sie mit Ihrem Kind über die positiven Ereignisse des Tages.

Es ist wichtig, dass Sie nicht nur für sich überlegen, welche positiven Ereignisse es an einem Tag gab, sondern dass Sie dies Ihrem Kind auch mitteilen. Zu welchem festen Zeitpunkt im Tagesablauf könnten Sie Ihrem Kind am besten eine solche Rückmeldung geben? Eine Möglichkeit ist beispielsweise, sich abends einige Minuten ans Bett Ihres Kindes zu setzen und sich mit ihm kurz darüber zu unterhalten, was an diesem Tag gut gelaufen ist und worüber Sie sich gefreut haben. Sie können dabei die Memokarte 1 zu Hilfe nehmen, auf der Sie die positiven Ereignisse und Erlebnisse des Tages notiert haben. Sollte der Zeitpunkt abends ungünstig sein, können Sie ein solches Gespräch auch zu einer anderen Zeit führen; wenn möglich, zu einem festen Zeitpunkt, der normalerweise nicht problematisch abläuft, z. B. bei einem gemeinsamen Kakao oder Ähnlichem.

Wichtig ist aber, dass Sie darauf achten, nicht zunächst die negativen Ereignisse des Tages aufzuzählen oder diese mit den positiven Erlebnissen aufzurechnen. Wenn es Probleme gab, können Sie kurz in einem Satz sagen, dass ja manches nicht so gut gelaufen ist. Gehen Sie aber dann ausführlich auf die positiven Ereignisse ein. Lassen Sie dieses kleine Gespräch lieber ganz ausfallen, wenn Sie einmal den Eindruck haben, dass Sie zu ärgerlich sind, um Ihrem Kind in Ruhe eine positive Rückmeldung zu geben.

Memokarte 1 (Seite 2) **Baustein 3**

Positiv-Tagebuch

Notieren Sie bitte für die nächste Woche täglich, was mit Ihrem Kind gut gelaufen ist und worüber Sie sich gefreut haben. Denken Sie dabei bitte auch an kleine Ereignisse.

Nehmen Sie sich jeden Abend etwas Zeit, notieren Sie die positiven Erlebnisse mit Ihrem Kind und besprechen Sie diese mit Ihrem Kind.

Datum	Was lief gut?	Wie habe ich reagiert?
03.04.	*Paul hat sich morgens zügig angezogen und die Zähne geputzt, sodass wir pünktlich aus dem Haus konnten.*	*Ich habe mich gefreut und ihn gelobt.*
03.04.	*Paul und ich haben nachmittags ein Spiel gespielt und er hat sich toll an die Spielregeln gehalten.*	*Ich habe ihm gesagt, dass es mir großen Spaß macht, mit ihm zu spielen.*
04.04.	*Paul hat mich nicht unterbrochen, als ich mit meiner Mutter telefoniert habe, sondern hat währenddessen selbständig in seinem Zimmer gespielt.*	*Ich musste noch etwas im Haushalt erledigen und bin nicht mehr darauf eingegangen – ich nehme mir vor, das noch nachzuholen!*
05.04.	*Paul hat mir geholfen, die Einkäufe ins Haus zu bringen.*	*Ich habe ihn gelobt.*

Abbildung 5:
Positiv-Tagebuch (Memokarte 1, Seite 2)

Wann können Sie dieses Gespräch am besten in Ihren Tagesablauf einbauen?

8. Erwarten Sie keine Wunder!
Die bisher genannten Punkte können Ihnen helfen, die Stimmung in Ihrer Familie zu verbessern. Wir haben diese Punkte auf der ersten Seite der Memokarte 1 noch einmal für Sie zusammengefasst (siehe Abbildung 6). Vielleicht wird es Ihnen möglich sein, manche Dinge schon in einem anderen Licht zu sehen, und manchmal vermindern sich auch die Probleme ein wenig. Erwarten Sie aber keine starke Verringerung der Probleme durch diese Änderungen. Die in diesem Baustein besprochenen Techniken sind aber dennoch sehr wichtig, da sie Ihnen helfen, eine positive Beziehung zu Ihrem Kind zu fördern und aufrechtzuerhalten. Sie sind damit eine wichtige und notwendige Grundlage für spätere Maßnahmen. Manchmal fällt es Kindern schwer, Lob und Zuwendung anzunehmen. Allerdings freuen sich die meisten Kinder über ein Lob, selbst wenn sie es zunächst nicht ausdrücken können. Lassen Sie sich dadurch also nicht entmutigen und loben Sie Ihr Kind auch dann weiter, wenn es sich nicht offen darüber freut!

Nehmen Sie jetzt die Memokarte 1 zur Hand und tragen Sie das Wichtigste für sich ein!

Memokarte 1 (Seite 1) **Baustein 3**

Was mögen Sie an Ihrem Kind?

1. Achten Sie auf das, was Ihnen an Ihrem Kind gefällt:
   Paul ist sehr freundlich, hilfsbereit und hat einen starken Gerechtigkeitssinn. Er hat oft gute Laune und bringt uns zum Lachen. Paul ist kreativ und hat viele interessante Spielideen.
2. Beachten Sie auch Kleinigkeiten und „Selbstverständlichkeiten“:
   Wenn ich Paul vom Kindergarten abhole, freut er sich und erzählt mir von seinem Tag. Er hilft mir oft beim Tisch Decken und Vorbereiten des Essens.
3. Achten Sie darauf, wenn üblicherweise schwierige Situationen besser laufen als sonst:
   Das Anziehen und Zähneputzen klappen an manchen Tagen besser als an anderen.
4. Überlegen Sie, was Ihr Kind häufig und gern macht, und versuchen Sie, daraus seine Stärken und Interessen abzuleiten:
   redet ununterbrochen – ist mitteilungsfreudig, erzählt mir gerne etwas, handelt oft impulsiv – ist spontan, hat viele Ideen
5. Zeigen Sie Ihrem Kind, wenn Sie etwas gut finden
6. Schreiben Sie abends in das Positiv-Tagebuch auf der nächsten Seite, was gut gelaufen ist.
7. Sprechen Sie mit Ihrem Kind über die positiven Ereignisse des Tages.
8. Erwarten Sie keine Wunder.

Bemerkungen:

Abbildung 6:
Was mögen Sie an Ihrem Kind? (Memokarte 1, Seite 1)

Teil 2: Schaffen Sie mehr gemeinsame positive Zeiten

Sie haben nun Anregungen bekommen, die Ihnen helfen sollen, die bereits vorhandenen schönen und positiven Erlebnisse mit Ihrem Kind wieder vermehrt zu beachten. Im zweiten Schritt geht es nun darum, dass Sie gezielt mehr positive Zeiten und Aktivitäten in Ihren Alltag einbauen. Wir wollen Ihnen helfen, Ihren Alltag günstiger zu gestalten, die Energie Ihres Kindes zu kanalisieren, kurze oder auch längere positive und damit wertvolle Zeiten einzubauen und somit insgesamt eine positive Atmosphäre zu schaffen. Dazu wollen wir Ihnen nun verschiedene Möglichkeiten vorschlagen. Überlegen Sie, welche Sie schon durchführen und wie Sie weitere Möglichkeiten konkret umsetzen und in Ihren Alltag integrieren können.

1. Fördern Sie die körperlichen Aktivitäten Ihres Kindes und kanalisieren Sie seine Energie.

Kinder mit ADHS-Problemen haben oft eine beinahe unbegrenzte Energie. Um einem übermäßigen „Aufdrehen" und damit möglicherweise verbundenen Konflikten vorzubeugen, ist es wichtig, das Kind dabei zu unterstützen, diese Energie zu kanalisieren. Möglichkeiten zum Austoben sind prinzipiell für alle Kinder gut. Bedenken Sie aber, dass zielloses Toben für Kinder mit ADHS keinen besonderen Nutzen bringt, sondern sogar ins Gegenteil umschlagen kann. Folgende Punkte können Ihnen helfen, die besondere Energie Ihres Kindes mit ADHS im Alltag zu kanalisieren:

- Ihr Kind sollte nach Möglichkeit einmal am Tag (häufiger auch mit Ihnen zusammen) ins Freie gehen, auch bei schlechtem Wetter. In der Regel sind Kinder nach einem Aufenthalt im Freien auch in der Wohnung etwas ausgeglichener.
- Generell sollte Ihr Kind viel draußen unternehmen (sehr gerne auch mit Ihnen gemeinsam), wie zum Beispiel Fahrrad fahren, Inlineskaten, Fußball oder Ball spielen, Hüpfkästchen, schwimmen gehen, in den Wald gehen und mit Ästen etwas bauen, Steine sammeln usw. Ihrer Fantasie (und der Fantasie Ihres Kindes) sind hier keine Grenzen gesetzt.
- Feste Gruppen: Überlegen Sie, ob sich auch schon eine Turn-, Sport- oder Musikgruppe für Ihr Kind eignet und welche Art von Gruppe günstig ist. Ein Schwimmkurs oder eher Kinderturnen bzw. eine Sing- und/oder Tanzgruppe? Für welche Bewegungsform oder Aktivität zeigt Ihr Kind Interesse?

? Welche Aktivitäten nutzen Sie bereits, um die Energie Ihres Kindes zu kanalisieren?

? Welche Aktivitäten können Sie sich noch vorstellen, mit denen Sie die Energie Ihres Kindes sinnvolll kanalisieren können? Wann könnten diese stattfinden?

2. Gestalten Sie „Leerlaufzeiten" im Alltag aktiv.

Leerlaufzeiten, also Zeiten, in denen Kinder keiner konkreten Aktivität nachgehen, kommen im Alltag immer wieder vor und können von ablenkbaren, hyperaktiven und/oder impulsiven Kindern oft schwer bewältigt werden. Beispiele für solche Zeiten sind etwa die Fahrt im Auto, die Zeit, in der Sie kochen, oder generell Situationen, in denen das Kind gerade nichts zu tun hat. Vielleicht kennen Sie auch derartige Situationen, in denen das Kind dann unruhig wird und eine Situation entsteht, in der es vielleicht häufiger anfängt, seine Schwester oder seinen Bruder zu ärgern. Sie können Ihr Kind darin unterstützen, besser mit solchen kritischen Zeiten zurechtzukommen, indem Sie sie aktiv gestalten. So kann es sinnvoll sein, dem Kind einfach ein kurzes Spiel bzw. eine Beschäftigung vorzuschlagen.

Mögliche Spiele, für die man nichts (nicht einmal seine Hände) benötigt

- „Ich sehe was, was du nicht siehst",
- „Ich denke an etwas, woran du nicht denkst",
- gemeinsam ein Lied singen; Ihr Kind kann Töpfe oder Behälter als „Trommeln" benutzen,
- Hör-CD für Kleinkinder in Küche oder Wohnzimmer anschalten und gemeinsam hören; Ihr Kind kann dabei auch malen,
- „Ich bin eine berühmte Person/Comicfigur, die wir kennen, und du musst raten, wer" (es sind nur Fragen erlaubt, die man mit „Ja" oder „Nein" beantworten kann).

? Welche Leerlaufzeiten (z. B. Warten aufs Essen oder bis alle fertig sind, um aus dem Haus zu gehen, im Auto fahren) treten in Ihrer Familie auf und sind für Ihr Kind schwierig?

? Was genau könnten Sie ausprobieren, um diese Zeit aktiv zu gestalten?

3. Bauen Sie kurze Positiv-Zeiten mit Ihrem Kind in Ihren Alltag ein.

Im anstrengenden Alltag mit einem unaufmerksamen, hyperaktiven und/oder impulsiven Kind haben Sie häufig kaum Freiräume und vielleicht oft das Gefühl, nur unter Zeitdruck Ihren Tagesablauf schaffen zu können. Dabei entwickelt sich schnell eine gereizte, ungeduldige Stimmung und es bleibt wenig Raum für ein positives Miteinander. Kurze Positiv-Zeiten (d. h. sich Ihrem Kind positiv zuzuwenden) erfordern jedoch nur einen geringen Aufwand und können helfen, die Stimmung in der Familie deutlich zu verbessern. Sie können die kurze Positiv-Zeit dann einsetzen, wenn Ihr Kind auf Sie zukommt. Wichtig ist aber auch, dass Sie von Zeit zu Zeit aktiv auf Ihr Kind zugehen. Folgende Punkte können Ihnen dabei helfen:

- Wenden Sie sich, wann immer möglich, Ihrem Kind zu, wenn es zu Ihnen kommt, um Ihnen etwas zu sagen oder zu zeigen, und zeigen Sie Ihr Interesse.

- Wenn Ihr Kind Sie etwas fragt oder Ihnen etwas mitteilt, geben Sie ihm, wenn möglich, direkt eine Antwort oder führen Sie ein kurzes Gespräch, auch während Sie weiter beschäftigt sind (z. B. bei Haushaltstätigkeiten).
- Wenn Sie Ihre Tätigkeit für eine Positiv-Zeit unterbrechen müssten (z. B. bei Telefonaten oder konzentrierten Arbeiten am Computer), kündigen Sie Ihrem Kind kurz an, wann Sie die Zeit haben werden, um sich z. B. seinen Duplo-Turm genauer anzusehen oder seine Fragen zu beantworten, und kommen Sie dann wie angekündigt tatsächlich darauf zurück, sobald Sie Ihre Tätigkeit beendet haben.
- Gehen Sie gelegentlich von sich aus auf Ihr Kind zu und schenken Sie ihm für kurze Zeit Ihre volle Aufmerksamkeit, beispielsweise, indem Sie etwas fragen oder ihm etwas erzählen oder mit ihm gemeinsam etwas anschauen, sich zeigen lassen, was Ihr Kind gerade macht, oder mit ihm kurz etwas spielen oder schmusen. Nutzen Sie dafür günstige Momente, in denen Ihr Kind dies gut annehmen kann.

? Wann können Sie eine kurze Positiv-Zeit einbauen?

? Was können Sie in der kurzen Positiv-Zeit machen?

4. Planen Sie intensive Positiv-Zeiten mit Ihrem Kind: die Spaß- und Spielzeit.

Neben den kurzen Positiv-Zeiten, die möglichst häufig in den Alltag eingebaut werden sollten, können längere, intensive Positiv-Zeiten mit Ihrem Kind dazu beitragen, die positive Beziehung zu Ihrem Kind gezielt zu verbessern. Versuchen Sie also, über diese kurzen Positiv-Zeiten hinaus im Alltag Möglichkeiten für eine zeitlich intensivere Positiv-Zeit zu finden. Dazu stellen wir Ihnen hier eine sehr wirkungsvolle Möglichkeit vor: die Spaß- und Spielzeit. Bei der Spaß- und Spielzeit geht es vor allem darum, dass Sie und Ihr Kind gemeinsam Spaß haben und dass diese Zeit möglichst konfliktfrei ist. Was Sie genau in dieser Zeit unternehmen, ist dabei eher zweitranging.

Folgende Punkte können Ihnen bei der Gestaltung einer konfliktfreien Spaß- und Spielzeit helfen:

- Planen Sie etwa zweimal die Woche eine 20- bis 30-minütige besondere Spaß- und Spielzeit ein.
- Wenn möglich, sollten Sie sich in dieser Zeit nach den Wünschen Ihres Kindes richten. Überlegen Sie im Vorfeld mit Ihrem Kind, was es in dieser Zeit gerne spielen oder unternehmen würde (z. B. mit dem Kaufladen/der Spielküche spielen, mit Autos und dem Autoteppich spielen, mit Duplo oder Bauklötzen bauen, Playmobil spielen, Brett-/Farbwürfelspiele, gemeinsam backen, Nachtisch machen, in den Wald gehen, Fußball spielen). Falls Ihr Kind

© Klaus Gehrmann

und Sie ein Brett-/Farbwürfelspiel auswählen möchten, gibt es auch Spiele, bei denen das Gewinnen weniger im Vordergrund steht und bei denen nicht, wie bei „Mensch ärgere dich nicht“ oder „Lotti Karotti“, gegeneinander gespielt wird – zum Beispiel „Obstgarten“ oder „Gänsemarsch“. Alternativ können Sie sich auch neue Regeln ausdenken. Beispielsweise könnten Sie bei „Lotti Karotti“ einmal vereinbaren, dass nur Erwachsene in die Löcher fallen können, Kinder hingegen nicht. Das bereitet in der Regel allen Kindern Freude.

- Wenn die Spielzeit beginnen soll, können Sie das Türschild, das Sie am Ende dieses Bausteins finden, aufhängen oder auch ein eigenes basteln. Das *Türschild: Spaß- und Spielzeit! Bitte nicht stören!* finden Sie auch im Downloadbereich zum Ausdrucken.
- Andere Kinder sollten an der Spaß- und Spielzeit nicht teilnehmen. Wichtig ist, dass Ihr Kind Sie in dieser Zeit ganz für sich allein hat. Gegebenenfalls können Geschwisterkinder eine eigene Spielzeit bekommen.
- Schenken Sie Ihrem Kind Ihre volle Aufmerksamkeit, widmen Sie sich in dieser Zeit ausschließlich Ihrem Kind, achten Sie auf das, was Ihr Kind macht oder sagt.
- Geben Sie in dieser Zeit möglichst keine Anweisungen und überlassen Sie dem Kind so weit wie möglich die Führung.
- Loben Sie Ihr Kind von Zeit zu Zeit oder sagen Sie ihm etwas Schönes (z. B. „Das macht mir Spaß“; „Das machst du gut“).
- Falls Ihr Kind sich problematisch verhält, wenden Sie Ihre Aufmerksamkeit kurz ab. Wenn das Problemverhalten anhält, beenden Sie die Spielzeit und begründen Sie dies („Ich spiele gerne mit dir, aber nicht, wenn du dich so verhältst.“). Sie können die Spielzeit zu einem späteren Zeitpunkt fortsetzen. Sagen Sie Ihrem Kind, dass Sie beim nächsten Mal wieder miteinander spielen können.

? Wann könnten Sie die Spaß- und Spielzeit durchführen?

? Welche Spiele oder anderen Aktivitäten können Sie sich vorstellen?

5. Denken Sie immer daran, Ihr Kind möglichst oft positiv anzusprechen und dadurch insgesamt eine positive Atmosphäre zu schaffen.

Kinder mit ADHS-Problemen brauchen besonders viel direkte Ansprache, Bestätigung und Verstärkung, um sich gut entwickeln zu können. Für Sie bedeutet dies, dass Sie dem Anliegen Ihres Kindes zuhören sollten und, wann immer möglich, zumindest kurz darauf eingehen sollten. Sollten Sie beispielsweise bemerken, dass Ihr Kind etwas geschickt gemacht oder geschafft hat, ist es günstig und wichtig, dass Sie ihm eine kurze Bestätigung geben, dass es etwas gut macht, z. B. „Das kannst du gut!“ oder „Du hast gut aufgepasst!“ Durch solche kurzen positiven Rückmeldungen erhöhen Sie auch die Wahrscheinlichkeit, dass Ihr Kind sich auch beim nächsten Mal wieder anstrengt. Denken Sie daran, Ihr Kind so viel wie möglich zu ermutigen („Fang doch schon mal mit dem Zähneputzen an, heute werden sie sicher besonders sauber!“,

„Das Puzzle ist wirklich nicht einfach, aber ich bin sicher, dass du es ganz toll schaffen wirst! Ich setze mich zu dir und helfe dir an den schwierigen Stellen.“). Dadurch stärken Sie sein Selbstvertrauen, Dinge zu schaffen und Schwierigkeiten bewältigen zu können. Kinder brauchen viel Ermutigung. So können sie mit einem guten Gefühl an eine Aufgabe herangehen und trauen sich mehr zu.

? Wie können Sie Ihr Kind positiv ansprechen und ermutigen?

? Wie können Sie für eine positive Atmosphäre zu Hause sorgen?

Nehmen Sie sich *Memokarte 2: Schaffen Sie mehr gemeinsame positive Zeiten* (siehe Abbildung 7) zur Hand und überlegen Sie, wann und wie Sie mehr positive Zeiten mit Ihrem Kind verbringen können. Notieren Sie Ihre Ideen auf der Memokarte und protokollieren Sie auf der zweiten Seite der Memokarte in der nächsten Zeit Ihre Erfahrungen.

Memokarte 2 (Seite 1) **Baustein 3**

Schaffen Sie mehr gemeinsame positive Zeiten

1. Fördern Sie die körperlichen Aktivitäten Ihres Kindes und kanalisieren Sie seine Energie.
   Welche Aktivitäten bieten sich dafür an?
   Wann können diese stattfinden?

   Möglichst oft nachmittags nach draußen gehen, auf den Spielplatz, Fußball spielen … Bei Regen einen Regenspaziergang machen und durch Pfützen hüpfen

2. Gestalten Sie „Leerlaufzeiten" im Alltag aktiv.
   Welche Leerlaufzeiten sind bei Ihnen oft schwierig?
   Was können Sie in den Zeiten anders machen?

   Zeiten, in denen ich im Haushalt beschäftigt bin – wir könnten gemeinsam etwas singen oder ein kurzes Spiel spielen, z. B. „Ich sehe was, was du nicht siehst."

3. Bauen Sie kurze Positiv-Zeiten mit Ihrem Kind in Ihren Alltag ein.
   Ideen für kurze Positiv-Zeiten?
   Wann können Sie diese einbauen?

   Interesse zeigen, wenn Paul etwas malt oder mit seinen Duplo-Steinen spielt, kurze Spiele oder Lieder – müsste jeden Tag „zwischendurch" möglich sein

4. Planen Sie intensive Positiv-Zeiten mit Ihrem Kind: die Spaß- und Spielzeit.
   Spielideen für die Spaß- und Spielzeit?
   Wann können Sie diese einbauen?

   Montags und mittwochs vor dem Abendessen – Duplo bauen, etwas malen oder basteln, mit der Kinderküche spielen

5. Denken Sie immer daran, Ihr Kind möglichst oft positiv anzusprechen und dadurch insgesamt eine positive Atmosphäre zu schaffen.

Memokarte 2 (Seite 2) **Baustein 3**

Schaffen Sie mehr gemeinsame positive Zeiten (Protokoll)

Datum	Wann ist es Ihnen heute gelungen, positive Zeit gemeinsam mit Ihrem Kind zu verbringen?	Wie ist Ihnen dies gelungen? Was haben Sie gemacht?
11.04.	Auf dem Rückweg vom Kindergarten	Wir haben lustige Lieder gesungen und Paul hat von seinem Tag erzählt.
11.04.	Nach dem Abendessen	Wir haben uns aufs Sofa gekuschelt und Pauls Lieblingsbuch angesehen.
12.04.	Nachmittags	Spaß- und Spielzeit! Wir haben mit Duplo-Steinen gespielt.
13.04.	Nachmittags	Ich habe mir von Paul das Bild zeigen und erklären lassen, das er gemalt hat.

Abbildung 7:
Schaffen Sie mehr gemeinsame positive Zeiten (Memokarte 2)

Memokarte 1 (Seite 1) **Baustein 3**

Was mögen Sie an Ihrem Kind?

1. Achten Sie auf das, was Ihnen an Ihrem Kind gefällt:

____

____

____

2. Beachten Sie auch Kleinigkeiten und „Selbstverständlichkeiten“:

____

____

____

3. Achten Sie darauf, wenn üblicherweise schwierige Situationen besser laufen als sonst:

____

____

____

4. Überlegen Sie, was Ihr Kind häufig und gern macht, und versuchen Sie, daraus seine Stärken und Interessen abzuleiten:

____

____

____

5. Zeigen Sie Ihrem Kind, wenn Sie etwas gut finden.
6. Schreiben Sie abends in das Positiv-Tagebuch auf der nächsten Seite, was gut gelaufen ist.
7. Sprechen Sie mit Ihrem Kind über die positiven Ereignisse des Tages.
8. Erwarten Sie keine Wunder.

Bemerkungen:

____

____

Memokarte 1 (Seite 2) **Baustein 3**

Positiv-Tagebuch

Notieren Sie bitte für die nächste Woche täglich, was mit Ihrem Kind gut gelaufen ist und worüber Sie sich gefreut haben. Denken Sie dabei bitte auch an kleine Ereignisse.

Nehmen Sie sich jeden Abend etwas Zeit, notieren Sie die positiven Erlebnisse mit Ihrem Kind und besprechen Sie diese mit Ihrem Kind.

Datum	Was lief gut?	Wie habe ich reagiert?

Memokarte 2 (Seite 1) **Baustein 3**

Schaffen Sie mehr gemeinsame positive Zeiten

1. Fördern Sie die körperlichen Aktivitäten Ihres Kindes und kanalisieren Sie seine Energie.
   Welche Aktivitäten bieten sich dafür an?
   Wann können diese stattfinden?

   ____

   ____

   ____

2. Gestalten Sie „Leerlaufzeiten“ im Alltag aktiv.
   Welche Leerlaufzeiten sind bei Ihnen oft schwierig?
   Was können Sie in den Zeiten anders machen?

   ____

   ____

   ____

3. Bauen Sie kurze Positiv-Zeiten mit Ihrem Kind in Ihren Alltag ein.
   Ideen für kurze Positiv-Zeiten?
   Wann können Sie diese einbauen?

   ____

   ____

   ____

4. Planen Sie intensive Positiv-Zeiten mit Ihrem Kind: die Spaß- und Spielzeit.
   Spielideen für die Spaß- und Spielzeit?
   Wann können Sie diese einbauen?

   ____

   ____

   ____

5. Denken Sie immer daran, Ihr Kind möglichst oft positiv anzusprechen und dadurch insgesamt eine positive Atmosphäre zu schaffen.

Memokarte 2 (Seite 2) **Baustein 3**

Schaffen Sie mehr gemeinsame positive Zeiten (Protokoll)

Datum	Wann ist es Ihnen heute gelungen, positive Zeit gemeinsam mit Ihrem Kind zu verbringen?	Wie ist Ihnen dies gelungen? Was haben Sie gemacht?

© Klaus Gehrmann

Baustein 4

Klare Strukturen im Alltag – Energie tanken und für klare Regeln sorgen!

Materialien zum Baustein 4
Arbeitsblatt 5: Mein Wochenplan – aktuell
Arbeitsblatt 6: Mein Wochenplan – wie er sein soll
Arbeitsblatt 7: Liste positiver eigener Aktivitäten
Memokarte 3: Sorgen Sie für klare Regeln! und Liste der Familienregeln

→ Sie finden die Materialien am Ende des Bausteins (s. Seite 93) und als PDF-Download (s. Seite 173).

Kennen Sie das?

Pauls Mutter weiß oft nicht mehr weiter oder fühlt sich völlig überfordert. Obwohl sie sich große Mühe gibt, den Alltag gut zu strukturieren, geraten die Abläufe immer wieder durcheinander. Termine knubbeln sich, sie hetzt nur von einem Ort zum nächsten, und Paul stellt ständig Blödsinn an, sobald er einmal keine geregelte Beschäftigung hat. So hatte seine Mutter sich das Leben mit einem Kind und ihr Familienleben wirklich nicht vorgestellt. Sie hat das Gefühl, ständig in „Hab-Acht-Stellung" zu sein. Entweder muss sie Paul ermahnen, etwas bei ihm durchsetzen, etwas verhindern oder ihn gegenüber fremden Personen oder sogar gegenüber der eigenen Familie verteidigen.

Häufig hat Pauls Mutter das Gefühl, dass sich ihr ganzes Leben nur noch um Paul dreht. Für sich selbst, ihre Arbeit und ihre Hobbys hat sie kaum noch Zeit. Häufig scheint sie allem hinterherzulaufen und doch nichts richtig zu schaffen. Schon sehr lange hat sie sich nicht mehr mit ihren alten Freundinnen getroffen. Auch für Telefonate hat sie wenig Zeit, und diese werden auch oft durch Paul unterbrochen. Zudem wird ihre Familie kaum noch von jemandem eingeladen. Kein Wunder: Bei ihrem letzten Besuch bei einer Freundin hat Paul dort ein ganzes Regal ausgeräumt.

Durch die vielen Termine und Konflikte ist Pauls Mutter sehr belastet. Auch, wenn sie eigentlich klare Vorstellungen davon hat, was Kinder dürfen und was nicht, sind die Tage immer anders, und ihre Nerven auch. Sie schafft es daher nicht, immer in gleicher Weise auf die Einhaltung von Regeln zu achten. An manchen Tagen will sie unbedingt, dass alle mit sauberen Händen am Tisch sitzen, während es ihr an anderen Tagen nicht so wichtig ist. Meistens legt sie großen Wert darauf, dass alle direkt zum Essen kommen, wenn sie ruft, und wird sehr ärgerlich, wenn Paul nur ein paar Minuten trödelt. Sie sagt ihm dann, sie werde ihm eine ganze Woche lang abends keine Geschichte vorlesen. An anderen Tagen wiederum sagt sie gar nichts, obwohl Paul erst zum Essen kommt, wenn sie ihn persönlich holen gegangen ist.

Außerdem sind Pauls Eltern auch häufig unterschiedlicher Ansicht, welche Regeln gelten und wie streng sie sein sollten. Wenn Pauls Vater nach der Arbeit nach Hause kommt und Pauls Mutter ihm von den Schwierigkeiten mit Paul erzählt, ist er oft zu müde, um sich damit zu beschäftigen, oder er schimpft direkt mit Paul. Außerdem denkt auch er öfter selbst nicht an bestimmte Regeln im Haus, beispielsweise seine Schuhe und seine Jacke wegzuräumen. Pauls Mutter hat dann manchmal das Gefühl, ihr Mann würde ihr in den Rücken fallen und sie müsste nun auch noch hinter ihm herräumen. Die Eltern streiten dann oft miteinander.

? Geht es Ihnen auch manchmal wie Pauls Mutter?

? Sind Sie auch manchmal sehr belastet, z. B. durch viele Termine?

? Wie gehen Sie mit Familienregeln um?

Was wollen wir mit diesem Baustein erreichen?

Liebe Eltern!

Das Leben mit unaufmerksamen, impulsiven und/oder hyperaktiven Kindern erfordert viel Energie und Kraft. Vielen Eltern geht es wie Pauls Mutter, die durch viele Termine und Konflikte mit ihrem Kind im Alltag häufig vollkommen erschöpft ist und sich überfordert fühlt. Wie Pauls Eltern geraten gerade Eltern von Kindern mit Verhaltensschwierigkeiten öfter in Situationen, in denen sie sich mal so und mal so verhalten. An einigen Tagen gelten bestimmte Regeln und es gibt harte Strafen, wenn sie nicht befolgt werden, an anderen ist den Eltern die Einhaltung der Regeln nicht so wichtig. In Anbetracht der vielen Problemsituationen, mit denen diese Eltern täglich umgehen müssen, ist dies sehr verständlich. Irgendwann sind die eigenen Kräfte erschöpft. Manche Eltern legen für ihre Familie auch zu strenge Regeln fest und lassen den Kindern so zu wenig Freiräume. Andere Eltern wiederum vereinbaren kaum feste Regeln mit ihren Kindern und reagieren entsprechend auf jede Situation anders. All dies sind jedoch Gründe, die Familien immer öfter in den Teufelskreis führen.

Durch das Beachten von Positivem bei Ihrem Kind und mehr gemeinsame positive Zeiten, wie im letzten Baustein eingeführt, haben Sie bereits die zentrale Basis geschaffen, um den Teufelskreis anzuhalten. Es ist wichtig, dass Sie diese Punkte während der gesamten Zeit der Arbeit mit diesem Buch und auch darüber hinaus weiter beachten.

Im ersten Teil dieses Bausteins wollen wir Ihnen nun helfen, Ihren Alltag strukturierter und angenehmer zu gestalten. Dazu wollen wir mit Ihnen Ihre Tages- und Wochenstruktur überdenken und, wenn nötig, optimieren. Zum einen brauchen unaufmerksame, impulsive und hyperaktive Kinder vermehrt Aufmerksamkeit, Orientierung und Struktur. Auf der anderen Seite ist es zum Ausgleich wichtig, dass Sie Ihre Energiereserven zwischendurch immer wieder aufladen und eigene Bedürfnisse beachten. Nur so können Sie in Stresssituationen möglichst ruhig auf Ihr Kind eingehen und geraten nicht so schnell in den Teufelskreis oder „verlieren die Nerven“ bei einem Konflikt. Zudem vermeiden Sie so, dass Ihre ganze Energie und Kraft irgendwann aufgebraucht sind und Sie sich nur noch erschöpft und müde fühlen.

Mit dem Einführen und Durchsetzen von geregelten Abläufen und Ritualen sowie von Zeiten zum eigenen Energietanken schaffen Sie eine weitere wichtige Basis, um den Teufelskreis anzuhalten.

Im zweiten Teil dieses Bausteins wollen wir Ihnen helfen, wichtige Regeln in Ihrer Familie aufzustellen oder bereits vorhandene Regeln noch einmal zu überdenken. Regeln und Grenzen in vernünftiger Weise zu setzen, ist bei der Erziehung allgemein sehr wichtig, insbesondere jedoch bei der Erziehung eines unaufmerksamen, impulsiven und/oder hyperaktiven Kindes. *Dies ist ein erster Schritt, um aktiv aus dem Teufelskreis auszubrechen.* In diesem Zusammenhang werden wir uns mit folgenden Fragen beschäftigen: Wie soll man Grenzen sinnvoll setzen? Welche Grenzen und Regeln sind wichtig? Was ist zu streng, was zu weich? Welche Grenzen und Regeln passen für mich und mein Kind? Dürfen Ausnahmen gemacht werden? Was soll passieren, wenn sich das Kind nicht an Regeln hält?

Die nebenstehende Abbildung verdeutlicht die verschiedenen Schritte, um aus dem Teufelskreis auszubrechen. Diese Abbildung werden wir in den kommenden Bausteinen langsam aufbauen, um Ihnen zu verdeutlichen, welche Schritte Sie schon kennengelernt haben und mit welchem Ansatzpunkt wir uns in dem jeweiligen Baustein beschäftigen. In diesem Baustein geht es wie beschrieben zunächst einmal um das Aufstellen klarer Regeln.

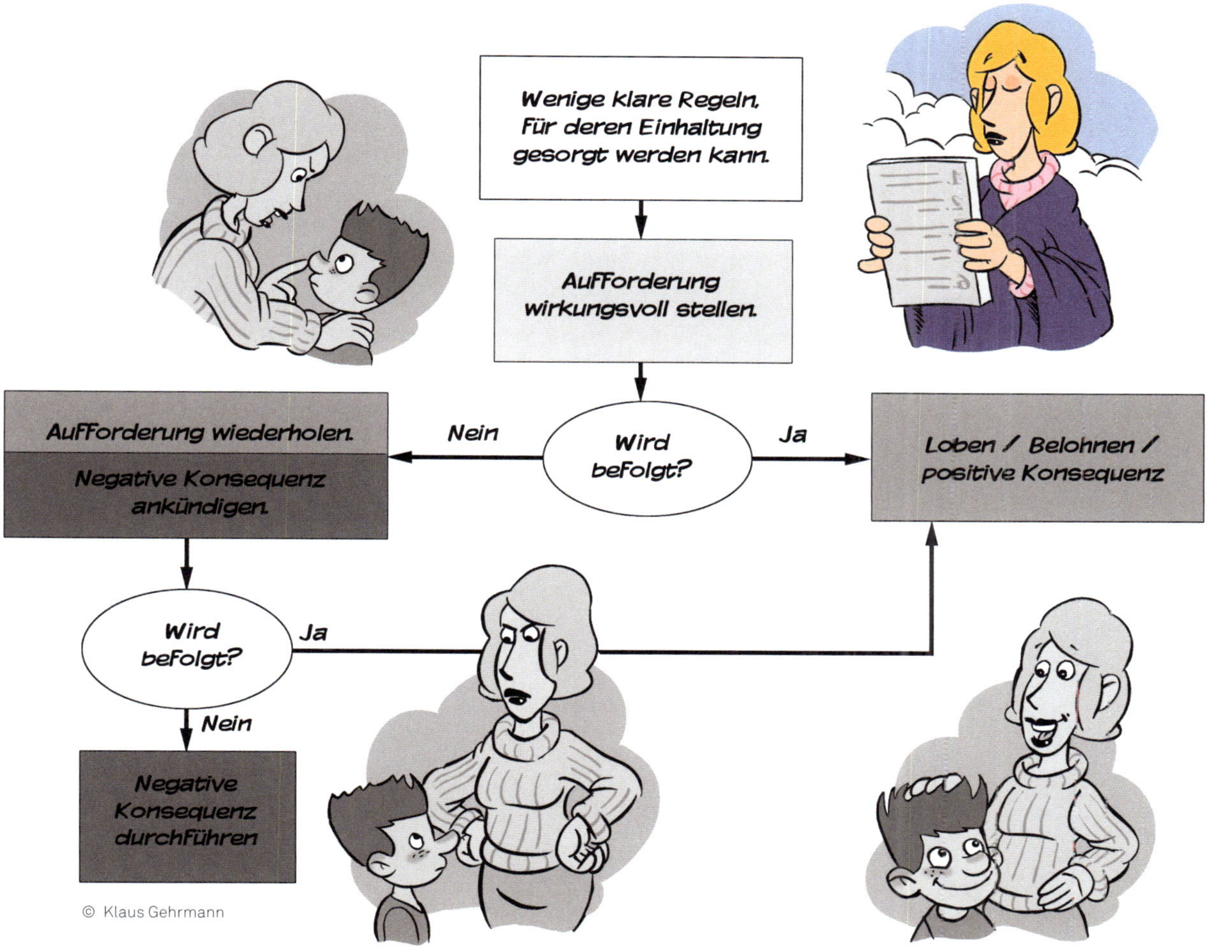

© Klaus Gehrmann

Platz für Ihre Bemerkungen/Fragen:

Das kann Ihnen helfen!

Teil 1: Energie tanken und sich selbst nicht vergessen

1. Erstellen Sie einen Plan über Ihre typische Tages- und Wochenstruktur.
Nehmen Sie das *Arbeitsblatt 5: Mein Wochenplan – aktuell* zur Hand und erstellen Sie einen typischen Wochenablauf. Streichen Sie die Phasen in der Woche, die Sie als besonders belastend erleben und in denen oft Engpässe entstehen, mit roter Farbe an. Markieren Sie danach die Phasen, in denen Sie sich besonders wohl und entspannt fühlen, mit Grün. Wann überwiegen welche Farben? Um Ihnen das Ausfüllen zu erleichtern, haben wir einen Wochenplan bereits beispielhaft ausgefüllt (siehe Abbildung 8).

Wie sieht Ihr Wochenplan aus?

Arbeitsblatt 5 — Baustein 4

Mein Wochenplan – aktuell (Beispiel)

Uhrzeit	Montag	Dienstag	Mittwoch	Donnerstag	Freitag	Samstag	Sonntag
6:00							
7:00	Kinder müssen in den Kindergarten, Eltern zur Arbeit, die Zeit drängt						
8:00							Kinder können ruhiger starten – entspannterer Morgen!
9:00						Wocheneinkauf, Haushalt, der in der Woche liegengeblieben ist	
10:00			Kindergarten/ Arbeit				
11:00							
12:00							
13:00	Kinder kommen aus dem Kindergarten, kochen, Haushalt, Kinder toben herum						
14:00							Schöne Familien-aktivität!
15:00		Paul ist beim Fußball, Lena beim Turnen					
16:00				Paul ist beim Fußball, Lena beim Tanzen			
17:00							Kinder müssen wegen Kindergarten wieder früher ins Bett, sind nicht müde
18:00							
19:00	Kinder müssen ins Bett gehen und möchten nicht; Eltern sind sowieso schon müde vom Tag						
20:00							
21:00	Geschafft! Endlich ein bisschen Ruhe						
22:00							

Abbildung 8:
Mein Wochenplan – aktuell (Arbeitsblatt 5)

Arbeitsblatt 6 — Baustein 4

Mein Wochenplan – wie er sein soll

Uhrzeit	Montag	Dienstag	Mittwoch	Donnerstag	Freitag	Samstag	Sonntag
6:00	Aufstehen, Bad, Vorbereitung des Frühstücks						
7:00	Kinder stehen auf, Waschen und Anziehen der Kinder, Frühstück					Entspannter Start in den Tag, gemeinsames Frühstück	
8:00	Kindergarten/Arbeit						
9:00						Einer der Eltern passt auf die Kinder auf, einer erledigt, was im Haushalt zu tun ist (in wöchentlichem Wechsel)	
10:00							
11:00							
12:00							
13:00						Mittagessen	
14:00					Großeltern holen die Kinder vom Kindergarten ab – Zeit für mich!		
15:00		Paul ist beim Fußball, Lena beim Turnen		Paul ist beim Fußball, Lena beim Tanzen – Zeit für den Wocheneinkauf		Schöne Familienaktivität!	Schöne Familienaktivität!
16:00							
17:00	Spaß- und Spielzeit für Paul (Papa) und Lena (Mama)		Spaß- und Spielzeit für Paul (Papa) und Lena (Mama)				
18:00	Abendessen						
19:00	Kinder machen sich bettfertig, ruhiges Abendritual, spätestens um 20:30 Uhr machen wir das Licht aus						
20:00	Der Papa passt auf die Kinder auf – Zeit für mich!	Vorbereitung der Kleidung und des Frühstücks für den nächsten Tag					
21:00							
22:00							

Abbildung 9:
Mein Wochenplan – wie er sein soll (Arbeitsblatt 6)

2. Bauen Sie klare Tages- und Wochenstrukturen auf.

Feste Strukturen zu entwickeln, ist nicht immer einfach. Gerade vielen Eltern von unaufmerksamen, impulsiven und hyperaktiven Kindern fällt dies schwer. Das liegt in der Natur der Sache: Die Kinder machen es einem da nicht leicht. Manche Eltern von Kindern mit ADHS-Problemen haben zudem ähnliche Schwierigkeiten wie ihre Kinder. Auch für sich selbst fällt es ihnen schwer, klare Tagesabläufe aufzubauen. Auf der anderen Seite benötigen aber unaufmerksame, impulsive und hyperaktive Kinder mehr Struktur in ihrem Tagesablauf als andere Kinder. Manche Konfliktsituation lässt sich durch feste Rituale und eine gute Zeitplanung vermeiden oder zumindest abmildern. Zudem lernt Ihr Kind durch sich immer wiederholende Rituale in kleinen Schritten das selbstständige Ausführen von Aufgaben (z. B. sich morgens Anziehen). Mögliche Orientierungshilfen für Ihr Kind können beispielsweise feste Essenszeiten, Zubettgehrituale oder Spaß- und Spielzeiten sein. Notieren Sie auf dem *Arbeitsblatt 6: Mein Wochenplan – wie er sein soll* (siehe Abbildung 9), was wann idealerweise stattfinden soll. Beginnen Sie damit, wann welche Mahlzeit eingenommen wird, wann Ihr Kind aus dem Kindergarten kommt, wann Ihr Kind ins Bett geht und so weiter. Tragen Sie ruhig die Spaß- und Spielzeiten oder die kleinen positiven Zeiten ein, die Sie mit Ihrem Kind vereinbart haben. Auch Ihre regelmäßigen Termine wie z. B. Spielgruppentreffen oder Ähnliches sollten Sie aufschreiben.

Welche festen Strukturen sollte Ihr Wochenplan haben?

3. Entzerren Sie die Phasen, in denen es eng wird.
In manchen Tagesphasen passiert sehr vieles auf einmal, und sie sind daher besonders stressig. Denken Sie einmal darüber nach, inwieweit es Möglichkeiten gibt, solche Phasen zu entspannen. Gibt es Aufgaben, die Sie entzerren können? Gibt es einzelne Aufgaben, die Sie vielleicht sogar ganz wegstreichen können? Möglicherweise haben Sie etwa an jedem Nachmittag Termine mit Ihrem Kind oder auch Ihren anderen Kindern. Kann vielleicht ein Termin entfallen oder verschoben werden?

Welche Termine können Sie auch mal verschieben oder streichen?

4. Können Sie Aufgaben an andere Personen abgeben?
Viele Mütter und Väter haben den Eindruck, alles alleine schultern zu müssen. Häufig besteht jedoch die Möglichkeit, Aufgaben an andere abzugeben. Vielleicht kann Ihr Kind zu manchen Zeiten durch andere Personen oder Einrichtungen beaufsichtigt werden?

Gibt es eine Spielgruppe oder einen Verein, in den Ihr Kind oder ein Geschwisterkind einmal in der Woche gehen könnte? Vielleicht besteht die Möglichkeit, dass jemand (Freunde, Familienmitglieder oder auch Profis) Sie bei der Kinderbetreuung oder im Haushalt unterstützt oder ein- oder zweimal in der Woche mit Ihrem Kind für ein paar Stunden nach draußen zum Spielen geht; vielleicht könnte jemand an einem Wochentag die Betreuung der Kinder zu Hause, die Hausaufgaben oder das Üben in einem bestimmten Fach für ältere Geschwisterkinder übernehmen. Vielleicht können die Geschwisterkinder an einem Nachmittag in der Woche zu Besuch zu einem Freund/einer Freundin gehen, sodass Zeit für eine Spaß- und Spielzeit mit Ihrem unaufmerksamen, impulsiven und hyperaktiven Kind alleine oder auch etwas freie Zeit für Sie entsteht.

Manche Eltern von unaufmerksamen, impulsiven und hyperaktiven Kindern haben die Erfahrung gemacht, dass es zu Problemen kommen kann, wenn ihre Kinder von anderen Personen betreut werden. Dadurch entsteht zunehmend das Gefühl, dass ihr Kind allen zur Last fallen würde und die Verhaltensprobleme niemandem zuzumuten sind. Die Eltern betreuen ihr Kind daher lieber selbst und gönnen sich nur selten eine Auszeit, was zu weniger Freiräumen für sie selbst führt. Es ist sehr verständlich, dass diese Freiräume nur dann genossen werden können, wenn man das Kind auch in guten Händen weiß. Auch wenn es leider oft nicht leicht ist, einen festen Betreuungsplatz zu bekommen, kann es sich lohnen, danach Ausschau zu halten. Möglicherweise können Sie auch mit einer anderen Mutter ausmachen, dass Sie jeweils einen Tag wechselweise auf Ihre Kinder aufpassen. So könnten Sie beide Kinder an einem Nachmittag betreuen und haben dafür einen anderen Nachmittag für sich.

? Wer könnte Ihnen bei der Betreuung Ihres Kindes helfen? Wer könnte Sie sonst entlasten?

5. Bereiten Sie sich auf belastende und schwierige Phasen vor.
Sicherlich wird es Situationen geben, die schwierig bleiben, auch wenn Sie große Anstrengungen unternommen haben, um sie zu entlasten oder zu entzerren. Versuchen Sie, sich auf solche Phasen gut vorzubereiten, indem Sie möglichst gut vorplanen. Ein Beispiel für die Morgensituation, die in vielen Familien stressig ist: Packen Sie schon abends die Tasche für den Kindergarten, legen Sie schon abends die Kleidung für den nächsten Tag heraus, decken Sie schon abends den Frühstückstisch für den nächsten Morgen und bereiten Sie alles so gut es geht vor. So haben Sie in der stressigen Zeit morgens etwas mehr Ruhe. Es hat sich bewährt, sich für solche schwierigen Phasen vorher eine Art Plan zu machen: Was muss getan werden? Was könnte ich vorher dafür schon vorbereiten? Kündigen Sie Ihrem Kind bestimmte Aufgaben früh genug an, wenn diese Ihrem Kind besonders schwerfallen („Wir müssen in 5 Minuten anfangen, uns anzuziehen."). Sammeln Sie sich vor der jeweiligen Situation, z. B. wenn alle Kinder sich bettfertig machen müssen, noch einmal kurz, indem Sie beispielsweise kräftig und tief mehrmals hintereinander ein- und ausatmen und sich auch innerlich auf die Situation vorbereiten. Gehen Sie dazu im Kopf noch einmal kurz durch, was Sie genau in welcher Abfolge tun und sagen werden, und starten Sie dann gestärkt in die Situation.

? Welche Situationen empfinden Sie als besonders schwierig?

? Was hilft Ihnen, sich auf eine schwierige Situation vorzubereiten?

6. Was tut Ihnen gut? Wie können Sie sich entspannen?

© Klaus Gehrmann

Nehmen Sie sich die *Liste positiver eigener Aktivitäten* (Arbeitsblatt 7) zur Hand. Gehen Sie die Auflistung in Ruhe durch und markieren Sie die Aktivitäten, die Ihnen guttun. Nehmen Sie nun eine andere Farbe zur Hand und markieren Sie die Aktivitäten, die Sie in den nächsten Tagen gerne durchführen würden. Sollten Ihnen hierbei noch weitere, nicht bereits aufgelistete Aktivitäten einfallen, notieren Sie diese am Ende der Liste. Die Liste beinhaltet Tätigkeiten, die mehr Zeit in Anspruch nehmen (z. B. in Ruhe ein Bad nehmen, joggen), aber auch Tätigkeiten, für die man weniger Zeit benötigt (z. B. eine Tasse Tee genießen, einen Zeitschriftenartikel lesen). Gehen Sie einmal im Kopf die letzten Wochen durch und überlegen Sie, wie häufig Sie die zuerst markierten Aktivitäten tatsächlich durchgeführt haben. Setzen Sie es sich zum Ziel für die kommenden Wochen, pro Woche mindestens drei positive Aktivitäten auch tatsächlich durchzuführen. Wir zeigen Ihnen schon einmal anhand eines Beispiels, wie das ausgefüllte Arbeitsblatt aussehen könnte (siehe Abbildung 10).

7. Planen Sie positive Aktivitäten und Phasen zum Energietanken für sich fest ein.

Nehmen Sie Ihren neuen Wochenplan (Arbeitsblatt 6; siehe Abbildung 9 auf Seite 81) zur Hand und über legen Sie, wann es mögliche Freiräume gibt, in denen Sie Zeit für sich selbst und für positive Aktivitäten einplanen können. Dies könnte zum Beispiel sein, wenn Ihr Kind im Kindergarten oder bei Freunden ist, schläft oder bei der Oma isst. Überlegen Sie, mit welchen der auf Arbeitsblatt 7 markierten positiven Aktivitäten Sie beginnen wollen. Wobei können Sie besonders gut Energie tanken und sich entspannen? Schreiben Sie diese Aktivitäten in den Wochenplan, sodass Sie Ihre „Oasen" im Alltag nicht so leicht vergessen und sich darauf freuen können. Fragen Sie sich, ob in dieser „Zeit für sich selbst" wirklich noch die Maschine Wäsche gebügelt werden oder eine andere Pflicht abgearbeitet werden muss oder ob es nicht doch wichtiger ist, die eigenen Reserven wieder aufzutanken. Nehmen Sie sich „Ihre Zeit"! Nur so haben Sie genug Energie für den oft schwierigen Alltag.

Dies sollten Sie auch mit Ihrem Partner/Ihrer Partnerin (oder einer für Sie wichtigen anderen Bezugsperson) besprechen. Machen Sie ihm/ihr deutlich, dass Sie diese Zeit benötigen, um wieder mit neuer Energie für Ihr Kind/Ihre Kinder da sein zu können. Vielleicht gibt es auch die Möglichkeit eines freien Abends in der Woche, an dem Sie sich mit Freunden/Freundinnen zum Kino oder Quatschen verabreden und Ihr Partner/Ihre Partnerin oder jemand anderes zu Hause auf die Kinder aufpasst? An einem anderen Abend in der Woche könnte auch Ihr Partner/Ihre Partnerin seinen/ihren Hobbys oder Interessen nachgehen.

Wenn Sie in einer Partnerschaft leben, geht manchmal die gemeinsame Zeit als Paar im Dasein als Eltern teilweise verloren. Es ist daher schön, bewusst Termine nur als Paar einzuplanen und während dieser Zeiten möglicherweise einen Babysitter oder die Großeltern zu bitten, auf die Kinder aufzupassen.

? Wo können Sie in Ihrem Wochenplan Zeiten für sich selbst zum Energietanken einplanen?

Arbeitsblatt 7 (Seite 3) **Baustein 4**

Liste positiver Aktivitäten

	Das tut mir gut!	Das habe ich in den letzten Wochen wie oft gemacht?	Das möchte ich nächste Woche machen!
Sich wertschätzen			
stolz darauf sein, was man an einem Tag alles geleistet hat, und sich das bewusst machen			
bewusst an alles denken, was man schon geschafft hat, und das genießen			
sich Blumen kaufen			
Kleinigkeiten			
ein Entspannungsbad nehmen	X	0X	
einen Duft/ein Parfüm auftragen	X	2X	X
einen guten Kaffee/Tee trinken und in Ruhe genießen	X	2X	X
ein Gesellschaftsspiel spielen			
Sudoku oder Kreuzworträtsel lösen	X	1X	
eine schöne DVD oder die Lieblings-Fernsehsendung ansehen	X	2X	X
sich chic machen			
sich pflegen, z. B. Hautlotion auftragen, Nägel lackieren, eine Haarkur benutzen			
im Internet surfen			
ein Computerspiel spielen			
in Ruhe eine Zeitung oder Zeitschrift lesen	X	3X	X
Entspannungsübungen machen	X	0X	
die Füße hochlegen, sich einfach entspannen und die Gedanken schweifen lassen	X	0X	X
sich schlafen legen			
das Zimmer mit Kleinigkeiten umgestalten oder schön aufräumen			
besonders leckeres Essen kochen	X	2X	X

Abbildung 10:
Ausgefüllte *Liste positiver Aktivitäten* (Arbeitsblatt 7)

8. Passen Sie den Plan von Zeit zu Zeit an.

Wie Sie sicherlich bei der Bearbeitung dieses Bausteins bereits gemerkt haben, ist die Planung des Tagesablaufs ein nie abgeschlossener Prozess. Der Tagesablauf muss ständig an das sich verändernde Leben angepasst werden. Überlegen Sie insbesondere, wenn belastende Situationen auftauchen, ob der geplante Tagesablauf vielleicht verändert werden muss. Natürlich können immer Sachen dazwischenkommen und Ideen verlorengehen. Dennoch kann ein Tagesplan nach unseren Erfahrungen eine große Unterstützung dabei sein, den Tag für alle Beteiligten einfacher und klarer werden zu lassen. Es ist schon viel gewonnen, wenn es Ihnen durch einen Tagesplan gelingt, manche Konfliktsituationen in einzelnen Tagesabschnitten zu reduzieren. Wenn die einzelnen Tagesabschnitte gut laufen, wirkt sich dies positiv sowohl auf Ihre eigene Laune als auch auf die Laune Ihres Kindes aus. Dies hat oft wiederum positive Auswirkungen auf den Rest des Tages. Planen Sie Ihre Pausen fest ein! Schaffen Sie sich dadurch, dass Sie freie Zeiträume erkennen, möglichen Platz für Ihre eigenen „Oasen" der Ruhe.

? *Können Sie sich vorstellen, ab und zu mehr für sich zu sorgen? Was spricht dafür, was dagegen? Wie können Sie das einrichten?*

Teil 2: Familienregeln überdenken und aufstellen

Regeln und Grenzen in vernünftiger Weise zu setzen, ist bei der Erziehung sehr wichtig.
Im ersten Teil dieses Bausteins haben wir Ihnen gezeigt, wie Sie es schaffen können, Ihren Alltag strukturierter und angenehmer zu gestalten. Dies soll dazu beitragen, dass Sie selbst entlastet werden und auch Ihre eigenen Bedürfnisse wieder mehr beachten können. Aber auch für Ihr Kind ist eine regelhafte Gestaltung des Tagesablaufs sinnvoll und wichtig. Feste Zeiten und Abläufe wie zum Beispiel klare Aufstehzeiten, morgens die gleichen Abläufe beim Fertigmachen, feste, gemeinsame Essenszeiten, Abendrituale beim Zubettgehen usw. helfen Kindern, sich im Tag besser zurechtzufinden.

Bei der Umsetzung strukturierter Tages- und Wochenabläufe kann Ihnen das Aufstellen und Überdenken von Familienregeln helfen. Neben Regeln, die sich auf den Tagesablauf beziehen, wollen wir uns im Folgenden aber auch mit Regeln beschäftigen, die generell gelten (z.B., dass Kinder sich nicht schlagen).

© Klaus Gehrmann

Regeln geben Kindern Halt und Sicherheit. Kinder genießen es, Freiheiten zu haben. Es ist allerdings sehr wichtig, dass diese Freiheit nicht grenzenlos ist, denn dann kann sie die Kinder überfordern und ihnen zu wenig Orientierung bieten, die sie zum Erwachsenwerden jedoch brauchen. In unserem (erwachsenen) Leben haben wir viele Freiheiten, müssen uns aber auch an viele Regeln und Grenzen halten. Für Kinder ist es eine wichtige Entwicklungsaufgabe, einerseits ihre Freiheiten zu nutzen, andererseits aber auch wichtige Regeln einzuhalten. Wenn Eltern ihren Kindern Grenzen setzen, bieten sie ihnen dabei gleichzeitig wichtige Orientierungshilfen, die ihren Freiraum (den alle Kinder brauchen) begrenzen. Klare Grenzen des eigenen Spielraums vermitteln den Kindern Sicherheit, Geborgenheit und auch Verlässlichkeit. Die Welt bekommt Strukturen und wird für die Kinder überschaubar und berechenbar! Insbesondere unaufmerksame, hyperaktive und impulsive Kinder benötigen klare Regeln und Grenzen.

❓ Welche festen Zeiten, Abläufe und Regeln haben Sie bei sich zu Hause?

Auf der anderen Seite können Regeln und Grenzen auch einengen und Kindern „die Luft zum Atmen nehmen". Beachten Sie daher, dass Kinder neben klaren Regeln und Grenzen für ihre seelische Entwicklung auch Handlungsspielräume und Freiheiten benötigen! Ziel ist also nicht, Kindern alle Entscheidungsfreiräume zu nehmen und alle denkbaren Situationen komplett durchzustrukturieren. Für die Entfaltung der Kinder ist es in vielen Situationen ganz zentral, dass sie „Nein" sagen oder etwas ablehnen dürfen. Zudem kann es natürlich passieren, dass festgelegte Abläufe manchmal nicht eingehalten werden können – gerade dann ist es auch wichtig, Flexibilität zu bewahren. Das Ziel beim Setzen von Regeln und Grenzen besteht nicht darin, Kinder zu „willenlosen, stromlinienförmigen Ja-Sagern" zu erziehen. Es geht darum, dass sie lernen, sich an wichtige Regeln zu halten, die das Zusammenleben in der Familie und in der Gesellschaft erleichtern.

In diesem zweiten Teil des Bausteins 4 möchten wir Ihnen dabei helfen, wichtige Regeln in Ihrer Familie aufzustellen. Machen Sie sich zunächst einmal Gedanken über die Regeln, die Ihnen wirklich wichtig sind. Hinsichtlich dieser zentralen Regeln sollten die Eltern sich möglichst einig sein. Unterschiedliche Ansichten und Meinungen im alltäglichen Leben gehören dazu, aber in den Grundregeln sollten die Eltern, wenn möglich, eine Linie vertreten. Daher sollte dieser Teil idealerweise von beiden Elternteilen bzw. Partnern gemeinsam bearbeitet werden.

❓ Haben Sie und Ihr Partner/Ihre Partnerin dieselben Vorstellungen von Familienregeln? Wo gibt es Unterschiede?

1. Unterscheiden Sie zwischen Regeln und Aufforderungen einerseits und Bitten andererseits.
Wenn Sie Regeln aufstellen oder Ihrem Kind eine Aufforderung geben, kann Ihr Kind nicht frei entscheiden, ob es diese befolgt oder nicht. Wenn Ihr Kind sich nicht an eine Regel oder Aufforderung hält, sollten Sie eine Konsequenz folgen lassen. Anders sieht es aus, wenn Sie eine Bitte an Ihr Kind richten. In diesem Fall darf es selbst entscheiden, ob es der Bitte nachkommt oder nicht, und Sie müssen seine Entscheidung akzeptieren. Daher ist es wichtig, dass Sie genau zwischen Regeln oder Aufforderungen einerseits und Bitten andererseits unterscheiden. Dieser Teil und auch Teile des nächsten Bausteins beschäftigen sich vor allem mit Regeln und Aufforderungen. Bitten Sie Ihr Kind aber auch immer wieder um einen Gefallen (z.B. helfen, die Einkäufe in die Küche zu tragen), bei dem es auch „Nein" sagen darf.

? Was halten Sie von dieser Unterscheidung zwischen Regeln, Aufforderungen und Bitten?

2. Erstellen Sie eine Liste der Regeln, die in letzter Zeit zu Auseinandersetzungen führten.

Nehmen Sie, wenn möglich gemeinsam mit Ihrem Partner/Ihrer Partnerin, die *Memokarte 3: Sorgen Sie für klare Regeln!* (siehe Abbildung 11) zur Hand und notieren Sie auf der zweiten Seite die Ihrer Meinung nach wichtigsten Regeln, die von Ihrem Kind oder auch Ihren anderen Kindern oft nicht eingehalten werden oder die häufiger zu Meinungsverschiedenheiten zwischen Ihnen als Eltern führen. Beschreiben Sie dabei die Regeln möglichst genau. Schreiben Sie auch auf, ob die Regel nur zu einer bestimmten Zeit gilt (z. B. an bestimmten Wochentagen). Nehmen Sie sich für diese Aufgabe mindestens eine halbe Stunde Zeit. Es ist oft hilfreich, einen typischen Tagesablauf durchzugehen und sich zu fragen, bei welchen Regeln es in der Vergangenheit Schwierigkeiten bei der Umsetzung oder Auseinandersetzungen gab. Im Anschluss sollten Sie die Regeln überprüfen, die generell gelten und die ebenfalls Schwierigkeiten bereiten. Sie können bei Ihren Überlegungen noch einmal das *Arbeitsblatt 3: Problemliste – Verhaltensprobleme meines Kindes in der Familie* aus dem ersten Baustein heranziehen und auch die folgende Liste zu Hilfe nehmen. In dieser Liste finden Sie lediglich eine Reihe von Beispielen, die Ihnen als Orientierung dienen sollen. Natürlich kann es sein, dass für Ihre Familie völlig andere Regeln wichtig sind. Nur Sie selbst können entscheiden, welche Grenzen und Regeln für Ihr Kind und Ihre Familie sinnvoll sind.

Beispiele für Familienregeln, die häufig Schwierigkeiten bereiten

Morgens (für Kindergartentage)
- Mein Kind soll nach dem ersten Wecken aufstehen.
- Mein Kind soll bis 7:45 Uhr den Schlafanzug alleine ausziehen und zum Waschen ins Bad gehen.
- Mein Kind soll alle Kleidungsstücke, die ich herausgelegt habe, nacheinander anziehen – es bekommt bei schwierigen Teilen Hilfe.
- Mein Kind soll mindestens eine Tasse Milch trinken und ein bisschen essen.
- Wir verlassen pünktlich um 8:30 Uhr das Haus.

Mittags
- Mein Kind soll seine Schuhe an der Tür ausziehen und unter die Garderobe stellen.
- Mein Kind soll sich vor dem Essen die Hände waschen.
- Mein Kind soll beim Essen von allem etwas probieren (Ausnahme: bestimmte Speisen, die es gar nicht mag).

Abends (Uhrzeiten gelten, wenn am nächsten Tag Kindergarten ist)
- Spätestens um 17:00 Uhr müssen wir den Spielplatz verlassen und nach Hause gehen. Mein Kind soll dann ohne Probleme mitkommen, wenn wir gehen müssen.
- Mein Kind soll bis 19:00 Uhr ausgezogen und gewaschen sein und wir können zusammen in sein Zimmer zum Bett gehen.
- Mein Kind soll spätestens um 19:30 Uhr das Licht ausmachen.

Allgemeine Regeln

- Meine Kinder sollen niemanden schlagen oder jemandem sonst irgendwie wehtun.
- In unserer Familie schreien wir uns nicht an und beschimpfen wir uns nicht (gilt für Kinder und Eltern).
- Mein Kind soll am Tag nicht länger als eine halbe Stunde fernsehen oder andere Medien nutzen.
- Nach dem Spielen räumen meine Kinder ihre Spielsachen wieder auf (Ausnahme: z. B. bestimmte Duplo-Bauwerke, an denen am nächsten Tag weitergebaut wird).

Memokarte 3 (Seite 1) **Baustein 4**

Sorgen Sie für klare Regeln!

1. Unterscheiden Sie zwischen Regeln und Aufforderungen einerseits und Bitten andererseits.
2. Erstellen Sie eine Liste der Regeln, die in letzter Zeit zu Auseinandersetzungen führten.
3. Überlegen Sie, für welche Familienmitglieder die einzelnen Regeln gelten.
4. Überlegen Sie, warum die einzelnen Regeln Ihnen wichtig sind.
5. Können Sie für die Einhaltung der Regeln sorgen? Sind Sie bereit, Konsequenzen folgen zu lassen, wenn die Regeln nicht eingehalten werden?
6. Beschränken Sie sich auf wenige Familienregeln, die Ihnen wirklich wichtig sind.

Bemerkungen:

Memokarte 3 (Seite 2) **Baustein 4**

Liste der Familienregeln

Familienregel	Für wen gilt die Regel?	Warum ist die Regel wichtig?	Kann ich dafür sorgen, dass die Regel eingehalten wird?	Konsequenzen	
				bei Einhaltung der Regel	bei Nicht-Einhaltung der Regel
Paul wäscht sich morgens und zieht sich bis 7:45 um, dabei unterstützt die Mutter.	Paul	Damit wir pünktlich das Haus verlassen können, um in den Kindergarten und zur Arbeit zu fahren.	meistens		
Paul ist spätestens um 19:00 Uhr in seinem Zimmer und wir machen um 19:30 Uhr das Licht aus.	Paul	Damit Paul ausreichend Schlaf bekommt und genug Energie für den nächsten Tag sammelt.	ja		
Wenn die Mutter telefoniert und Paul etwas möchte, wartet er, bis das Telefonat beendet ist.	Paul	Manchmal muss die Mutter wichtige Dinge besprechen und möchte dabei nicht gestört werden.	meistens		
Vor dem Essen waschen wir unsere Hände.	alle	Hygienische Gründe	ja		

Abbildung 11: *Sorgen Sie für klare Regeln!* (Memokarte 3)

? Bei welchen Regeln gibt es in Ihrer Familie häufig Schwierigkeiten mit der Einhaltung?

3. Überlegen Sie, für welche Familienmitglieder die einzelnen Regeln gelten.

Bestimmte Regeln können für ein einzelnes Kind sehr wichtig sein, während andere Regeln für alle Kinder oder auch für die ganze Familie gelten können. Beispielsweise könnte es eine einzelne Regel nur für Paul geben (z. B. „Paul muss an einer befahrenen Straße an der Hand der Mutter gehen."), da nur Paul Schwierigkeiten damit hat, sich im Straßenverkehr sicher und verlässlich zu bewegen, und die Situation bei seinen Geschwistern ohne spezielle Regeln problemlos abläuft. Andere Regeln gelten zwar grundsätzlich für alle Kinder, aber in einer etwas unterschiedlichen Form. So muss Paul um 19:00 Uhr ins Bett gehen, während sein älterer Bruder bis 20:00 Uhr aufbleiben darf. Wieder andere Regeln gelten dagegen für alle Kinder (z. B. alle Geschwister kommen zum gleichen Zeitpunkt zum Essen) oder sogar für alle Familienmitglieder in gleicher Weise (z. B., dass die Schuhe an der Tür ausgezogen werden). Tragen Sie bitte jetzt in die entsprechende Spalte auf der zweiten Seite der Memokarte 3 ein, für wen die jeweilige Regel gilt.

? Für welche Familienmitglieder gelten die einzelnen Regeln?

4. Überlegen Sie, warum die einzelnen Regeln Ihnen wichtig sind.

Gehen Sie Ihre Liste von Familienregeln durch und versuchen Sie, für sich zu begründen, warum Ihnen diese Regeln wichtig sind. Beantworten Sie sich dabei folgende Fragen:

- Warum halten Sie diese Regel für sinnvoll und nötig?
- Was würde Negatives passieren, wenn Ihr Kind diese Regel nicht befolgt?
- Was wollen Sie durch die Regel erreichen?

Notieren Sie die Begründung zu jeder Familienregel bitte in der dafür vorgesehenen Spalte.

? Warum sind die einzelnen Regeln wichtig für Sie?

Beispiele für Regeln und ihre Begründungen	
Wir waschen uns vor dem Essen die Hände!	Hygienische Gründe
Um 19:00 Uhr gehst du in dein Zimmer und um 19:30 Uhr machst du das Licht aus!	Die Kinder brauchen ab 19:30 Uhr ihren Schlaf und die Eltern wollen einen Teil des Abends noch für sich alleine haben.
Ihr dürft bis 17:00 Uhr draußen bleiben!	Später ist es im Winter zu dunkel und wir wollen um kurz nach 18:00 Uhr gemeinsam Abendbrot essen.

5. Können Sie für die Einhaltung der Regeln sorgen? Sind Sie bereit, Konsequenzen folgen zu lassen, wenn die Regeln nicht eingehalten werden?

Eltern achten nach der Festlegung von Regeln häufig nicht hinreichend darauf, dass diese auch eingehalten werden. Das Kind macht dadurch jedoch die Erfahrung, dass die Regeln den Eltern nicht so wichtig sind und daher auch nicht unbedingt befolgt werden müssen. Sie sollten daher nur Regeln aufstellen, wenn Sie bereit und in der Lage sind, sie auch umzusetzen. Überlegen Sie nun bei jeder Regel, die Sie in die Memokarte 3 aufgenommen haben, ob Sie dafür sorgen können und wollen, dass diese Regel auch wirklich beachtet wird, und tragen Sie Ihre Antwort in die entsprechende Spalte ein. Wenn Sie für einzelne Regeln nicht sicherstellen können, dass Sie auch auf deren Einhaltung achten, sollten Sie diese noch einmal überdenken oder sie zunächst zurückstellen. Konzentrieren Sie sich zunächst auf jene Regeln, deren Einhaltung Sie am besten gewährleisten können. Falls Sie bei einigen Regeln nicht wissen, wie Sie diese durchsetzen können oder welche sinnvollen Konsequenzen eine Regelverletzung nach sich ziehen kann, dann stellen Sie auch diese Regeln zunächst zurück. Wir werden in den Bausteinen 5 und 6 die Themen Aufforderungen und Konsequenzen ausführlich bearbeiten. Gerne können Sie diese beiden Bausteine aber auch schon einmal ansehen und sich Gedanken zu möglichen positiven und negativen Konsequenzen machen. Falls Sie sich dazu entscheiden, können Sie die Konsequenzen zu Ihren Regeln in den dafür vorgesehenen Spalten auf Ihrer Memokarte 3 eintragen.

? Wie genau können Sie dafür sorgen, dass die einzelnen Regeln auch eingehalten werden?

6. Beschränken Sie sich auf wenige Familienregeln, die Ihnen wirklich wichtig sind.
Stellen Sie lieber weniger Regeln auf, die für Sie besonders wichtig sind und für deren Einhaltung Sie tatsächlich auch sorgen können. Zu viele Familienregeln können den Tagesablauf und die Freiheiten der einzelnen Familienmitglieder auch zu sehr einengen. Es sollte an dieser Stelle nicht das Ziel sein, dass Sie direkt alle Regeln einführen, die Sie an sich für wichtig halten. Wichtig ist, dass Ihr Kind anhand einzelner Regeln die Erfahrung macht, dass Sie für deren Einhaltung sorgen und es sich daher an die Regeln halten muss. Unterstreichen Sie auf der Memokarte 3 die Regeln, die Ihnen besonders wichtig sind und auf die Sie sich zunächst konzentrieren wollen.

Sie können die Regeln auf einem Blatt oder Plakat aufmalen (auch einfache Symbole oder Strichmännchen reichen hier aus) und an einer zentralen Stelle in der Wohnung (z. B. an der Küchentür oder an der Innenseite einer Schranktür in der Küche) aufhängen. Auch wenn Ihr Kind noch nicht lesen kann, wird es sich so besser an das erinnern, was Sie miteinander besprochen haben. Sie können auch gemeinsam für eine bestimmte Situation erwünschte Abläufe (z. B. ausziehen, waschen, anziehen) aufzeichnen oder aus Zeitungsbildern eine Collage gestalten.

Wie Sie sicherlich bemerkt haben, gibt es keine generellen Regeln, die für alle Familien „richtig“ und „gut“ sind. Entsprechend gibt es auch kein generelles „zu hart“ oder „zu weich“. Das Ziel sollte sein, ein ausgeglichenes Verhältnis zwischen Regeln und Freiheiten zu schaffen. Dabei kann es günstig sein, auch manche „unnötige“ Regel zu vermeiden, die Sie und Ihre Familie mehr einengt, als dass sie Ihnen nutzt. Wie wichtig ist es Ihnen beispielsweise, dass die Kinder am Wochenende vor dem Frühstück schon angezogen und gewaschen sind? Können sie nicht einfach noch eine Weile im Schlafanzug bleiben? Muss wirklich zu jedem Zeitpunkt sauber mit Messer und Gabel gegessen werden? Diese Fragen kann nur jede Familie für sich beantworten. Versuchen Sie, hier Ihr eigenes Maß zu finden. Die unter Punkt 2 aufgeführten Beispiele geben nur einige Anhaltspunkte und Ideen. Nur Sie allein können entscheiden, welche Regeln für Sie sinnvoll und richtig sind.

? *Wie viele und welche Familienregeln halten Sie für Ihre Familie für sinnvoll?*

Wir wünschen Ihnen viel Erfolg und Kraft bei der Umsetzung der von uns vorgeschlagenen Handlungsschritte. Bleiben Sie am Ball, auch wenn nicht alles direkt gut gelingt!

Arbeitsblatt 5 Baustein 4

Mein Wochenplan – aktuell

Uhrzeit	Montag	Dienstag	Mittwoch	Donnerstag	Freitag	Samstag	Sonntag
6:00							
7:00							
8:00							
9:00							
10:00							
11:00							
12:00							
13:00							
14:00							
15:00							
16:00							
17:00							
18:00							
19:00							
20:00							
21:00							
22:00							

Arbeitsblatt 6

Mein Wochenplan – wie er sein soll

Baustein 4

Uhrzeit	Montag	Dienstag	Mittwoch	Donnerstag	Freitag	Samstag	Sonntag
6:00							
7:00							
8:00							
9:00							
10:00							
11:00							
12:00							
13:00							
14:00							
15:00							
16:00							
17:00							
18:00							
19:00							
20:00							
21:00							
22:00							

Arbeitsblatt 7 (Seite 1) **Baustein 4**

Liste positiver Aktivitäten

	Das tut mir gut!	Das habe ich in den letzten Wochen wie oft gemacht?	Das möchte ich nächste Woche machen!
Soziale Aktivitäten			
mit Freunden Karten spielen			
gemütlich im Café sitzen			
mit Freunden zusammen etwas essen			
sich mit einem Freund oder einer Freundin unterhalten oder nett telefonieren			
in geselliger Runde etwas trinken			
Freunde besuchen			
Sportliche Betätigung			
joggen oder walken			
eine Runde Fahrrad fahren			
einen Spaziergang im Grünen machen			
in ein Fitnesscenter gehen			
Federball/Tischtennis spielen			
tanzen			
ins Schwimmbad gehen			
sich sonst irgendwie sportlich betätigen			
Kreative Beschäftigungen			
etwas Schönes basteln oder handarbeiten			
Tagebuch führen, ein schönes Erlebnis oder einfach die Gedanken aufschreiben			
etwas in Gedichtform schreiben			
malen			
fotografieren			
singen oder Musik machen			
Musik hören			

Arbeitsblatt 7 (Seite 2) **Baustein 4**

Liste positiver Aktivitäten

	Das tut mir gut!	Das habe ich in den letzten Wochen wie oft gemacht?	Das möchte ich nächste Woche machen!
Sinneseindrücke genießen			
den Himmel, Wolken oder einen Sturm bewusst beobachten			
sich sonnen, die warmen Sonnenstrahlen auf der Haut spüren			
den Geräuschen in der freien Natur lauschen			
barfuß im Gras laufen			
Partnerschaft			
mit seinem Partner zusammensitzen			
gemeinsam etwas kochen			
gemeinsam einen Spaziergang machen			
Über Vergangenheit, Gegenwart und Zukunft nachdenken, planen			
Ausflüge/Urlaubsfahrten planen			
positive Zukunftspläne schmieden			
Fotos ansehen			
Geistige Anregungen			
in ein Konzert gehen			
ins Kino gehen			
ein gutes Buch lesen			
ein Museum besuchen			
Verreisen und/oder einfach mal rausgehen			
ins Grüne fahren			
mit schöner Musik Auto fahren			
in den Zoo gehen			
wandern			

Arbeitsblatt 7 (Seite 3) Baustein 4

Liste positiver Aktivitäten

	Das tut mir gut!	Das habe ich in den letzten Wochen wie oft gemacht?	Das möchte ich nächste Woche machen!
Sich wertschätzen			
stolz darauf sein, was man an einem Tag alles geleistet hat, und sich das bewusst machen			
bewusst an alles denken, was man schon geschafft hat, und das genießen			
sich Blumen kaufen			
Kleinigkeiten			
ein Entspannungsbad nehmen			
einen Duft/ein Parfüm auftragen			
einen guten Kaffee/Tee trinken und in Ruhe genießen			
ein Gesellschaftsspiel spielen			
Sudoku oder Kreuzworträtsel lösen			
eine schöne DVD oder die Lieblings-Fernsehsendung ansehen			
sich chic machen			
sich pflegen, z. B. Hautlotion auftragen, Nägel lackieren, eine Haarkur benutzen			
im Internet surfen			
ein Computerspiel spielen			
in Ruhe eine Zeitung oder Zeitschrift lesen			
Entspannungsübungen machen			
die Füße hochlegen, sich einfach entspannen und die Gedanken schweifen lassen			
sich schlafen legen			
das Zimmer mit Kleinigkeiten umgestalten oder schön aufräumen			
besonders leckeres Essen kochen			

Arbeitsblatt 7 (Seite 4) **Baustein 4**

Liste positiver Aktivitäten

	Das tut mir gut!	Das habe ich in den letzten Wochen wie oft gemacht?	Das möchte ich nächste Woche machen!
Was fällt Ihnen noch ein?			

Memokarte 3 (Seite 1) **Baustein 4**

Sorgen Sie für klare Regeln!

1. Unterscheiden Sie zwischen Regeln und Aufforderungen einerseits und Bitten andererseits.
2. Erstellen Sie eine Liste der Regeln, die in letzter Zeit zu Auseinandersetzungen führten.
3. Überlegen Sie, für welche Familienmitglieder die einzelnen Regeln gelten.
4. Überlegen Sie, warum die einzelnen Regeln Ihnen wichtig sind.
5. Können Sie für die Einhaltung der Regeln sorgen? Sind Sie bereit, Konsequenzen folgen zu lassen, wenn die Regeln nicht eingehalten werden?
6. Beschränken Sie sich auf wenige Familienregeln, die Ihnen wirklich wichtig sind.

Bemerkungen:

Memokarte 3 (Seite 2) **Baustein 4**

Liste der Familienregeln

Familienregel	Für wen gilt die Regel?	Warum ist die Regel wichtig?	Kann ich dafür sorgen, dass die Regel eingehalten wird?	Konsequenzen	
				bei Einhaltung der Regel	bei Nicht-Einhaltung der Regel

Baustein 5

Geben Sie wirkungsvolle Aufforderungen und sparen Sie nicht mit Lob

Materialien zum Baustein 5
Memokarte 4: Wirkungsvoll auffordern und loben!

→ Sie finden die Materialien am Ende des Bausteins (s. Seite 113) und als PDF-Download (s. Seite 173).

Kennen Sie das?

Oft hat Pauls Mutter das Gefühl, dass sie nur noch damit beschäftigt ist, Aufforderungen an Paul zu stellen, an die er sich dann ohnehin nicht hält. So rennt Paul etwa oft in sein Zimmer, während sie noch in der Küche beschäftigt ist, und sie schafft es nur noch, ihm hinterherzuschreien: „Jetzt läufst du schon wieder mit dreckigen Schuhen durch die Wohnung! Tausendmal habe ich dir schon gesagt, dass die auf die Fußmatte gehören, hier wird doch alles dreckig!" Aber Paul kümmert sich nicht darum und spielt einfach weiter. Und seine Mutter wird wütend. Manchmal kommt Paul dann auch maulend zu ihr gelaufen und zieht seine Schuhe aus, aber auch dann ist niemand wirklich zufrieden.

Haben Sie schon einmal darauf geachtet, wie Sie Ihrem Kind Aufforderungen geben?

Hält Paul sich endlich einmal an die Regeln oder Aufforderungen seiner Mutter, ist sie oft ganz fertig vom ewigen „Paul hier, Paul da!" und lässt sich nur noch erschöpft in den Sessel fallen. Oder sie muss schnell etwas Wichtiges erledigen, das sie bis dahin noch nicht geschafft hat: das Abendessen vorbereiten, die Wäsche waschen und bügeln, die Fenster putzen und so weiter. Es gelingt ihr dann einfach nicht, speziell auf Paul zu schauen, und sie beachtet ihn dann oft nicht weiter. Paul bekommt dadurch aber den Eindruck, dass sich die Mutter eigentlich nur um ihn kümmert, wenn er nicht macht, was sie sagt. Hält er sich an die Regeln, scheint es irgendwie egal zu sein, denn dann kümmert sich kein Mensch um ihn!

Platz für Ihre Bemerkungen/Fragen:

Was wollen wir mit diesem Baustein erreichen?

Liebe Eltern!

Im letzten Baustein haben wir Ihnen gezeigt, wie wichtig es ist, dass Sie zu Hause feste Familienregeln aufstellen. Doch nicht nur das Aufstellen von Regeln ist bedeutsam. Damit Regeln wirken können, muss das Kind im Alltag durch Aufforderungen daran erinnert werden. Häufig besteht das Problem jedoch in der Art, *wie* Eltern die Aufforderungen stellen. Oft stellen sie die Aufforderungen einfach „in den Raum hinein" oder rufen, wie Pauls Mutter, ihrem Kind die Aufforderung hinterher. Vielfach wiederholen Eltern diese Aufforderungen dann so lange, bis sie entweder entnervt aufgeben und „nachgeben" oder sehr wütend werden. Im ersten Baustein hatten wir Ihnen den Teufelskreis vorgestellt, in dem auch diese „Falle" erläutert wird.

In der Regel halten sich Kinder schon dann eher an Aufforderungen, wenn die Eltern einige Punkte hinsichtlich der Art und Weise beachten, in der sie Aufforderungen und Regeln aussprechen. In diesem Baustein werden Sie daher lernen, auf das Stellen wirkungsvoller Aufforderungen zu achten. Dies ist ein weiterer Schritt beim Ausbruch aus dem Teufelskreis.

Zudem wollen wir Ihnen in diesem Baustein zeigen, wie Sie Ihr Kind loben oder ihm eine andere positive Konsequenz geben können, wenn es eine Aufforderung befolgt oder eine Regel einhält. Erst durch dieses Lob bzw. diese positiven Konsequenzen wird sich das Verhalten Ihres Kindes langfristig verändern und Ihr Kind wird lernen, sich an Aufforderungen und Regeln zu halten. Das ist keine ganz einfache Aufgabe, da viele Eltern durch die häufigen Probleme oft genervt sind und den Eindruck haben, nur Selbstverständliches von ihrem Kind zu verlangen. Außerdem finden viele Eltern auch nicht die Zeit, sich noch einmal ihrem Kind zuzuwenden, weil sie schließlich auch noch anderes zu erledigen haben. So ist das auch bei der Mutter von Paul, die beispielsweise endlich das Abendessen vorbereiten kann, wenn Paul mal das macht, was sie ihm sagt.

? Haben Sie auch manchmal die Einstellung, dass man Kinder für Selbstverständlichkeiten nicht loben müsste?

? Passiert es Ihnen auch manchmal, dass Sie zu geschafft oder zu beschäftigt sind, um Ihr Kind zu loben?

Selbst, wenn Sie Ihr Kind konsequent loben, wird es sich natürlich nicht immer an alle Regeln und Aufforderungen halten. Aber Sie machen Ihrem Kind so deutlich, dass Sie sich freuen, und dies erhöht die Wahrscheinlichkeit, dass es sich öfter so verhält, wie Sie es sich wünschen und mit ihm besprochen haben.

Die folgende Abbildung verdeutlicht noch einmal die Schritte, um aus dem Teufelskreis auszubrechen. Im letzten Baustein ging es um „Regeln aufstellen". Im jetzigen Baustein kommen die folgenden beiden neuen Schritte dazu:

- das Stellen wirkungsvoller Aufforderungen sowie
- das Loben und Geben anderer positiver Konsequenzen, wenn Ihr Kind sich erwünscht verhält.

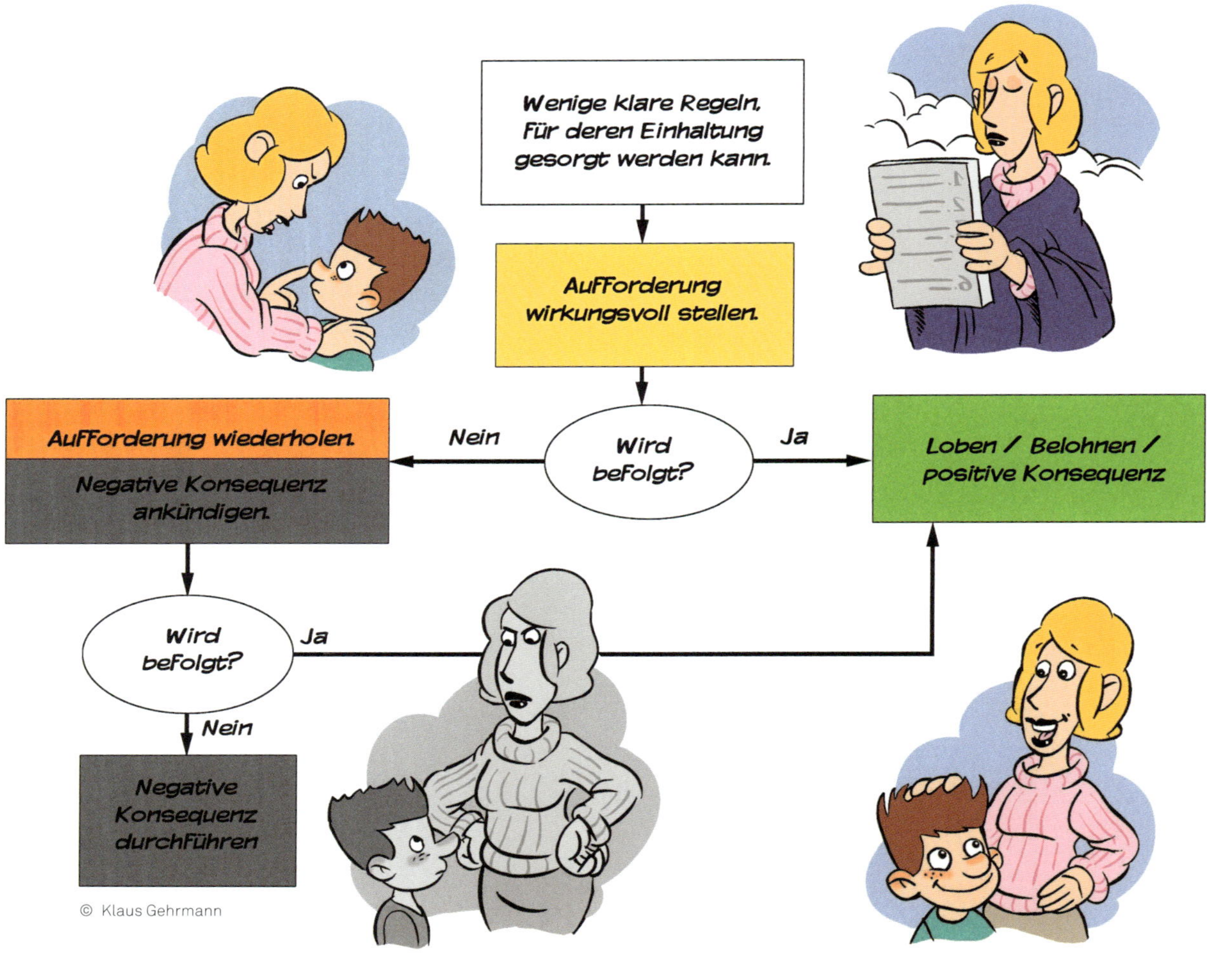

Das kann Ihnen helfen!

Geben Sie wirkungsvolle Aufforderungen und sparen Sie nicht mit Lob und positiven Konsequenzen!

© Klaus Gehrmann

Im Folgenden werden wir Ihnen einige Hinweise geben, die Ihnen helfen können, Ihrem Kind Aufforderungen so zu geben, dass es diese mit höherer Wahrscheinlichkeit auch befolgt, und mit einem Lob oder einer positiven Konsequenz auf das Befolgen einer Aufforderung zu reagieren.

Bei der Umsetzung dieser Hinweise kann Ihnen die *Memokarte 4: Wirkungsvoll auffordern und loben!* (siehe Abbildung 12) als Gedächtnisstütze dienen.

Memokarte 4 (Seite 1) **Baustein 5**

Wirkungsvoll auffordern und loben!

1. Stellen Sie nur dann Aufforderungen, wenn Sie bereit sind, sie auch durchzusetzen.
2. Sorgen Sie dafür, dass Ihr Kind aufmerksam ist, wenn Sie die Aufforderung geben.
3. Äußern Sie die Aufforderung eindeutig und nicht als Bitte.
4. Geben Sie immer nur eine Aufforderung.
5. Bleiben Sie bei Ihrem Kind und überprüfen Sie, ob es der Aufforderung nachkommt.
6. Loben Sie Ihr Kind oder setzen Sie eine andere positive Konsequenz, sobald es eine Aufforderung befolgt.
7. Besprechen Sie abends zusammen mit Ihrem Kind noch einmal, welche Aufforderungen und Regeln es tagsüber befolgt hat.
8. Loben Sie Ihr Kind ganz besonders, wenn es eine Aufgabe erfüllt hat, ohne dass Sie es direkt darum gebeten haben.
9. Konzentrieren Sie sich zunächst nur auf wenige Familienregeln oder Aufforderungen:

Aufforderung/Regel	Lob/Positive Konsequenz
1. Paul, geh ins Badezimmer und zieh dich um!	Lob: „Super, dass du dich so fix angezogen hast!"; wenn Paul sich morgens schnell anzieht, haben wir noch Zeit für eine Vorlesegeschichte
2.	
3. Paul, ich muss für zehn Minuten telefonieren. Fang doch in der Zeit schon an, einen Duplo-Zoo zu bauen, und unterbrich mich nicht.	Lob: „Toll, dass das so gut geklappt hat!" oder „Danke, dass ich in Ruhe telefonieren konnte!"; kurze gemeinsame Beschäftigung (z. B. mit den Duplo-Steinen)
4.	

Memokarte 4 (Seite 2) **Baustein 5**

Wirkungsvoll auffordern und loben! (Protokoll)

Datum	Aufforderung Nummer*	Wurde die Aufforderung wirkungsvoll gestellt?	Was hat Ihr Kind gemacht?	Was haben Sie dann gemacht?
19.04.	1	ja	Paul ist ins Badezimmer gegangen und hat begonnen, sich anzuziehen; hat sich nach kurzer Zeit ablenken lassen, aber nach erneuter Aufforderung weiter angezogen.	Ich habe Paul gelobt und ihm gesagt, wie sehr ich mich darüber freue, dass er heute so gut mitgemacht hat; zudem hatten wir noch Zeit für eine Vorlesegeschichte.
20.04.	1	ja	Paul ist ins Badezimmer gegangen und hat sich mit meiner Hilfe angezogen.	Ich habe ihn gelobt und wir haben noch etwas gelesen.
20.04.	2	ja	Paul hat mich einmal kurz unterbrochen, ist aber direkt in sein Zimmer gegangen, nachdem ich ihn an unsere Abmachung erinnert habe, und hat sich dort bis zum Ende des Telefonats beschäftigt.	Ich bin nach dem Telefonat zu ihm gegangen, habe ihn gelobt und wir haben kurz gemeinsam gespielt.
22.04.	2	ja	Paul hat sich in seinem Zimmer beschäftigt und mich nicht unterbrochen.	Ich musste im Nachgang des Telefonats noch etwas erledigen und habe versäumt, noch einmal auf Paul einzugehen.

* Nummer der Aufforderung von der ersten Seite der Memokarte 4 eintragen.

Abbildung 12: *Wirkungsvoll auffordern und loben!* (Memokarte 4)

Auf der ersten Seite der Memokarte 4 finden Sie eine Übersicht über die im Folgenden genannten Schritte; die zweite Seite ist zur Protokollierung Ihrer persönlichen Erfahrungen mit der Erprobung dieser Schritte vorgesehen.

1. Stellen Sie nur dann Aufforderungen, wenn Sie bereit sind, sie auch durchzusetzen.
Ein häufiges Problem besteht darin, dass Eltern ihren Kindern viel zu viele Aufforderungen stellen und gleichzeitig nicht dafür sorgen, dass diese auch eingehalten werden. Für die Kinder entsteht dann der Eindruck, dass Aufforderungen nicht ernst zu nehmen sind. Stellen Sie daher nur Aufforderungen, wenn Sie sich sicher sind, dass Sie wirklich wollen, was Sie von Ihrem Kind fordern, und auch nur, wenn Sie bereit und in der Lage sind, Ihre Forderung durchzusetzen. Überlegen Sie sich schon im Vorhinein, was Sie tun werden, wenn Ihr Kind Ihre Aufforderung nicht befolgt. Dies ist besonders wichtig bei Aufforderungen, denen Ihr Kind häufig nicht nachkommt. Auf diesen Punkt werden wir ausführlich auch im nächsten Baustein eingehen. Sollten Sie in einer konkreten Situation nicht bereit oder in der Lage sein, für die Umsetzung der Aufforderung zu sorgen, sollten Sie diese Aufforderung in diesem Moment besser nicht stellen. Sie könnten dann aber auch statt einer Aufforderung eine Bitte stellen, bei der Ihr Kind die Möglichkeit hat, zu entscheiden, ob es sie freiwillig erfüllen möchte oder eben auch nicht. Warum ist es besser, die Aufforderung dann gar nicht erst zu stellen? Der Lerneffekt für das Kind ist günstiger. Denn wenn Sie die Aufforderung trotzdem stellen, das Kind der Aufforderung aber nicht nachzukommen braucht, lernt das Kind nur, dass die Aufforderungen eigentlich nicht ernst zu nehmen sind. Wird die Aufforderung aber gar nicht erst gestellt, macht es diese Lernerfahrung nicht.

? *Welche Aufforderungen/Regeln sind Ihnen wirklich wichtig? Bei welchen Aufforderungen sind Sie bereit, die Forderungen auch durchzusetzen?*

2. Sorgen Sie dafür, dass Ihr Kind aufmerksam ist, wenn Sie die Aufforderung geben.
Gehen Sie zu Ihrem Kind, statt ihm die Aufforderung nur von Weitem zuzurufen, begeben Sie sich ggf. auf seine Höhe herunter und stellen Sie Blickkontakt her. Manchmal kann es auch günstig sein, Ihren Arm auf seine Schultern zu legen. Falls notwendig, drehen Sie sein Gesicht ruhig dem Ihren zu. So können Sie sicherstellen, dass es Ihre Aufforderung hört und aufmerksam ist. Wenn Ihr Kind dazu neigt, wegzulaufen, halten Sie es bei den Händen oder an den Schultern, während Sie ihm die Aufforderung stellen, damit es auch bei Ihnen bleibt. Wenn Sie Ihrem Kind Ihre Aufforderung nur von Weitem zurufen, können Sie sich nicht sicher sein, dass es aufmerksam ist und Ihre Aufforderung auch als solche wahrnimmt. Durch die Beachtung der genannten Punkte erleichtern Sie es Ihrem Kind also, Ihre Aufforderung mitzubekommen und sie anschließend auch zu befolgen. Zudem verdeutlichen Sie ihm mit Ihrer direkten Ansprache auch, dass es Ihnen wirklich wichtig ist, dass es sich an die Aufforderung hält.

? Wie können Sie dafür sorgen, dass Ihr Kind wirklich aufmerksam ist?

3. Äußern Sie die Aufforderung eindeutig und nicht als Bitte.
Durch die Art, wie Sie Ihre Aufforderung stellen, sollte Ihr Kind klar erkennen können, dass es nicht frei entscheiden kann, ob es der Aufforderung nachkommt oder nicht, sondern, dass Sie wirklich wollen, was Sie von ihm fordern. Um dies zu erreichen, sprechen Sie die Aufforderung einfach und in einem neutralen Ton aus. Durch Ihre Stimme sollte Ihrem Kind deutlich werden, dass Ihnen die Aufforderung wichtig ist. Achten Sie aber darauf, keinen strafenden oder zu strengen Tonfall anzuschlagen. Beim Stellen der Aufforderung kommt es nicht darauf an, ob Sie das Wort „bitte“ verwenden, ein angemessener Tonfall ist das Entscheidende.

4. Geben Sie immer nur eine Aufforderung.
Den meisten Kindern (vor allem Kindern im Vorschulalter) gelingt es nur, sich eine oder höchstens zwei Aufforderungen auf einmal zu merken und diese anschließend auch zu befolgen. Unterteilen Sie daher umfangreichere Aufgaben, z.B. das Aufräumen des Zimmers, in kleinere Schritte, die Ihr Kind nacheinander erledigen kann. Bei jüngeren Kindern ist dies umso wichtiger. Mit solchen einfachen Aufforderungen geben Sie Ihrem Kind eine größere Chance, den Aufforderungen nachzukommen und sich damit erwünscht zu verhalten. Achten Sie daher darauf, anfangs kleine, leichte und schnell zu erfüllende Aufforderungen zu stellen. Gerade bei jüngeren oder sehr aufmerksamkeitsschwachen Kindern kann es auch Sinn machen, sich die Aufforderung von Ihrem Kind wiederholen zu lassen. Auf diese Weise gehen Sie sicher, dass Ihr Kind Ihre Aufforderung wirklich gehört und verstanden hat. Zudem können Sie so noch einmal betonen, wie wichtig Ihnen die Umsetzung der Aufforderung ist.

Formulieren Sie einmal für jede Ihrer im Baustein 4 aufgestellten Regeln eine passende Aufforderung. Hier einige Beispiele:

Familienregel	Aufforderung
Mein Kind soll bis 7:45 Uhr gewaschen und angezogen sein.	„Komm, wir gehen jetzt ins Bad zum Waschen!“
	„Hier liegt deine Unterwäsche. Zieh' sie jetzt an!“
Meine Kinder sollen sich nicht schlagen.	„Beim Essen haltet ihr den Abstand der Tripp-Trapp-Stühle ein und ihr vertragt euch.“

Formulieren Sie für jede Ihrer Familienregeln eine passende Aufforderung.

Familienregel	Aufforderung

5. Bleiben Sie bei Ihrem Kind und überprüfen Sie, ob es der Aufforderung nachkommt.

Sie sollten nach dem Stellen der Aufforderung in unmittelbarer Nähe Ihres Kindes bleiben, um sicherzugehen, dass es die Aufforderung befolgt. Kommt Ihr Kind nach kurzer Zeit der Aufforderung nicht nach, wiederholen Sie die Aufforderung noch einmal eindringlicher. Versuchen Sie jedoch, bei dieser Wiederholung der Aufforderung nicht genervt oder ärgerlich zu klingen. Wenn Sie eine solche zweite Aufforderung stellen, lassen Sie diese von Ihrem Kind auf jeden Fall noch einmal wiederholen.

6. Loben Sie Ihr Kind oder setzen Sie eine andere positive Konsequenz, sobald es eine Aufforderung befolgt.

Ein besonders wichtiger Punkt bei der Einhaltung von Regeln und Aufforderungen ist das Lob und das Setzen anderer positiver Konsequenzen. Indem Sie Aufforderungen wirkungsvoll stellen, schaffen Sie eine bedeutende Grundlage dafür, dass Ihr Kind sich erwünscht verhalten kann. Für langfristige Veränderungen im Verhalten Ihres Kindes ist es aber zudem wichtig, dass Sie Ihrem Kind kontinuierlich zeigen, dass Sie sich freuen, wenn es Ihre Aufforderungen befolgt. Dafür müssen Sie das erwünschte Verhalten entsprechend beachten. Sicherlich ist dies gerade bei einem unaufmerksamen, hyperaktiven oder impulsiven Kind keine einfache Aufgabe. Denn Sie als Eltern müssen sehr viel Zeit und Energie für die Erziehung aufbringen – entsprechend verständlich ist es, dass Sie ganz erleichtert sind und die Zeit nutzen, um sich mit etwas anderem zu beschäftigen, zu dem Sie bislang nicht gekommen sind, wenn Ihr Kind – vielleicht nach vielen Ermahnungen – endlich einer Aufforderung nachkommt. Auch der Mutter von Paul aus unserem Beispiel geht es so. Manchmal sagt sie in einer solchen Situation zu Paul fast ärgerlich: „Warum denn nicht gleich so?“ Durch so einen Kommentar fühlt sich Paul aber eher noch kritisiert als ermuntert! Kinder machen dann die Erfahrung, dass es sich nicht „lohnt“, das zu tun, was die Eltern sagen.

? *Fällt bei Ihnen das Lob auch manchmal unter den Tisch, wenn Ihr Kind einer Aufforderung nachkommt?*

Wenn Ihr Kind eine Aufforderung befolgt, dann ist es wichtig, dass Sie ihm *sofort* eine positive Rückmeldung geben. Bleiben Sie also bei Ihrem Kind, nachdem Sie ihm eine Aufforderung gegeben haben, und loben Sie Ihr Kind, wenn es beginnt, Ihre Anweisungen zu erfüllen. Manche Eltern sind der Ansicht, dass sie eigentlich nur Selbstverständliches von ihrem Kind erwarten, und dass ein Lob entsprechend nicht angebracht oder sinnvoll ist. Nach unserer Meinung ist es jedoch richtig und wichtig, ein erwünschtes Verhalten immer dann zu loben, wenn man das Kind auch kritisieren oder tadeln würde, wenn es in der gleichen Situation der Aufforderung nicht nachkäme. Dabei ist eine sehr kurze Rückmeldung ausreichend. Auch in vielen Untersuchungen zur Wirkung von Erziehung hat sich ein solches Vorgehen als günstig erwiesen. Dabei müssen Sie Ihr Kind nicht jedes Mal überschwänglich oder „über den grünen Klee loben", wenn es das tut, was Sie sagen. Zeigen Sie ihm aber kontinuierlich, dass Sie sich darüber freuen! Solche kurzen positiven Rückmeldungen helfen Ihnen auch, nicht in den Teufelskreis zu geraten, mit Ihrem Kind nur noch mahnend und schimpfend umzugehen und ihm kaum noch etwas Positives zu sagen.

© Klaus Gehrmann

Sie können Ihr Kind mit Worten, aber auch durch Ihr Verhalten loben.

Beispiele für ein kurzes Lob

- Sie klopfen Ihrem Kind auf die Schulter.
- Sie geben Ihrem Kind einen Kuss auf die Wange oder drücken es an sich.
- Sie streichen Ihrem Kind über die Haare.
- Sie lächeln Ihr Kind an und nicken ihm zu.
- Sie sagen einfach: „Danke."
- Sie sagen: „Es ist schön, wenn du tust, was ich dir sage."
- „Ich freue mich, wenn du das so schön machst."
- „Das klappt ja super!"
- Sie zeigen dem Kind wie ein Sporttrainer einen „Daumen hoch!"

Sie können Ihrem Kind auch eine Belohnung oder eine Vergünstigung als positive Konsequenz geben. Wie das Lob sollten auch diese anderen positiven Konsequenzen unmittelbar auf das erwünschte Verhalten folgen oder zumindest direkt angekündigt werden und regelmäßig erfolgen. Es ist günstig, wenn diese Konsequenzen, falls möglich, im Zusammenhang mit dem erwünschten Verhalten Ihres Kindes stehen.

Beispiele für andere positive Konsequenzen

- Sie lesen Ihrem Kind eine Extra-Geschichte vor, wenn es abends bis zu einer bestimmten Zeit die Zähne geputzt und sich umgezogen hat.
- Ihr Kind bekommt einen besonderen Nachtisch, nachdem es beim Essen die Schwester nicht geärgert hat.
- Sie spielen kurz mit Ihrem Kind, wenn es Sie zuvor bei einer Beschäftigung (z. B. bei einem wichtigen Telefonat) nicht gestört hat.
- Ihr Kind darf sich an der Supermarktkasse eine Kleinigkeit aussuchen, wenn es sich während des Einkaufens an die vereinbarten Regeln gehalten hat.

Über welche Art und Weise der Anerkennung würde sich Ihr Kind freuen? Welche Art positiver Rückmeldungen und Vergünstigungen können Sie sich vorstellen? Denken Sie einmal darüber nach und geben Sie Ihrem Kind dieses Lob und diese Anerkennung. Nehmen Sie die *Memokarte 3: Sorgen Sie für klare Regeln!* aus Baustein 4 zur Hand und notieren Sie für jede einzelne Regel in der Spalte „Konsequenzen bei Einhaltung der Regel“, wie Sie Ihrem Kind zeigen können, dass Sie sich freuen, wenn es sich an die jeweilige Regel/ Aufforderung hält, oder überdenken Sie bereits eingetragene Konsequenzen.

? Welche Art von Lob oder anderen positiven Konsequenzen können Sie sich bei Ihnen und Ihrem Kind vorstellen?

7. Besprechen Sie abends zusammen mit Ihrem Kind noch einmal, welche Aufforderungen und Regeln es tagsüber befolgt hat.

Besprechen Sie abends (oder auch zu einem anderen Zeitpunkt) zusammen mit Ihrem Kind, z. B. während der Mitteilung aller positiven Dinge (siehe Baustein 3), noch einmal besonders, welche Regeln und Aufforderungen es tagsüber gut befolgen konnte. Damit verdeutlichen Sie ihm noch einmal, wie sehr Sie es schätzen und wie sehr Sie sich freuen, wenn es Ihren Aufforderungen und Regeln nachkommen kann. Sie können das beispielsweise beim Abendessen machen oder wenn Sie Ihr Kind ins Bett bringen. Dabei ist es günstig, wenn auch Ihr Partner/Ihre Partnerin in das Gespräch einbezogen werden kann. Sie sollten auch hier wieder hauptsächlich rückmelden, was gelungen ist. Sollten Aufforderungen und Regeln zur Sprache kommen, an die Ihr Kind sich nicht halten konnte, ermuntern Sie es, beim nächsten Mal auch auf diese zu achten.

? Können Sie sich vorstellen, diese kleine Besprechung in Ihren Alltag einzuführen? Wann könnte diese bei Ihnen stattfinden?

8. Loben Sie Ihr Kind ganz besonders, wenn es eine Aufgabe erfüllt hat, ohne dass Sie es direkt darum gebeten haben.

Sollte Ihr Kind einmal eine Aufgabe ohne Aufforderung von sich aus freiwillig ausführen, hat es sich hier natürlich ein *Extra-Lob* verdient. Neben einer Verbesserung der Beziehung zu Ihrem Kind und der Stimmung in der Familie können solche positiven Rückmeldungen dazu beitragen, dass Ihr Kind zu Hause auch einmal eine Aufgabe übernimmt, ohne dass Sie es ausdrücklich dazu auffordern. Wenn Sie den Eindruck haben, dass Ihr Kind fast immer mit „Nein" auf Ihre Aufforderungen und Bitten reagiert, ist dieser Punkt besonders wichtig.

? Erinnern Sie sich, wann Ihr Kind zuletzt besonders hilfsbereit war?

? Wie haben Sie darauf reagiert?

9. Konzentrieren Sie sich zunächst nur auf wenige Familienregeln oder Aufforderungen.
Eingeschliffene Gewohnheiten zu verändern, fällt besonders schwer. Konzentrieren Sie sich deshalb auf ein paar Aufforderungen, an denen Sie das Gelernte anwenden wollen. Richten Sie eventuell bewusst „Übungszeiten“ ein. Stellen Sie vor allem kleine, leicht zu erfüllende Aufforderungen (z. B. „Gib mir bitte das Salz rüber!“), sodass Sie selbst und Ihr Kind die Erfahrung machen, dass Ihr Kind auf Sie „hört“.

Suchen Sie zwei oder drei Aufforderungen aus, die Ihr Kind häufig nicht beachtet, und schreiben Sie diese auf Ihre *Memokarte 4: Wirkungsvoll auffordern und loben!* (siehe Abbildung 12 auf Seite 105). Sie können sich diese Memokarte auch an einem gut sichtbaren Platz anbringen. Gerne können Sie auch noch einmal das *Arbeitsblatt 3: Problemliste – Verhaltensprobleme meines Kindes in der Familie* aus dem ersten Baustein und die *Memokarte 3: Sorgen Sie für klare Regeln!* aus dem vierten Baustein ansehen, um sich einen Überblick zu verschaffen, welche Regeln und Aufforderungen Ihr Kind häufig nicht befolgt. Natürlich können Sie nicht erwarten, dass Ihr Kind von nun an alle Aufforderungen immer befolgt, wenn Sie sich an die in diesem Baustein beschriebenen Punkte halten. Vermutlich werden Sie allerdings schon nach kurzer Zeit einige Veränderungen im Verhalten Ihres Kindes feststellen können, wenn Sie diese Punkte beachten. Protokollieren Sie Ihre Erfahrungen auf der Memokarte 4.

? Wann können Sie kleine „Übungszeiten“ in Ihren Tagesablauf einplanen?

? Welche Regeln/Aufforderungen von Ihrer Liste eignen sich besonders dazu, das Stellen wirkungsvoller Aufforderungen, das Loben und das Geben positiver Konsequenzen einzuüben?

Wir sind uns bewusst, dass die Umsetzung dieses Bausteins wieder viel Zeit und Kraft von Ihnen fordert. Seien Sie deshalb geduldig, auch wenn nicht alles direkt klappt!

Memokarte 4 (Seite 1) **Baustein 5**

Wirkungsvoll auffordern und loben!

1. Stellen Sie nur dann Aufforderungen, wenn Sie bereit sind, sie auch durchzusetzen.
2. Sorgen Sie dafür, dass Ihr Kind aufmerksam ist, wenn Sie die Aufforderung geben.
3. Äußern Sie die Aufforderung eindeutig und nicht als Bitte.
4. Geben Sie immer nur eine Aufforderung.
5. Bleiben Sie bei Ihrem Kind und überprüfen Sie, ob es der Aufforderung nachkommt.
6. Loben Sie Ihr Kind oder setzen Sie eine andere positive Konsequenz, sobald es eine Aufforderung befolgt.
7. Besprechen Sie abends zusammen mit Ihrem Kind noch einmal, welche Aufforderungen und Regeln es tagsüber befolgt hat.
8. Loben Sie Ihr Kind ganz besonders, wenn es eine Aufgabe erfüllt hat, ohne dass Sie es direkt darum gebeten haben.
9. Konzentrieren Sie sich zunächst nur auf wenige Familienregeln oder Aufforderungen:

Aufforderung/Regel	Lob/Positive Konsequenz
1.	
2.	
3.	
4.	

Memokarte 4 (Seite 2) **Baustein 5**

Wirkungsvoll auffordern und loben! (Protokoll)

Datum	Aufforderung Nummer*	Wurde die Aufforderung wirkungsvoll gestellt?	Was hat Ihr Kind gemacht?	Was haben Sie dann gemacht?

* Nummer der Aufforderung von der ersten Seite der Memokarte 4 eintragen.

Baustein 6

Konsequenzen gehören dazu!

Materialien zum Baustein 6
Memokarte 5: Konsequenzen gehören dazu!

→ Sie finden die Materialien am Ende des Bausteins (s. Seite 127) und als PDF-Download (s. Seite 173).

Kennen Sie das?

© Klaus Gehrmann

Obwohl Pauls Eltern immer wieder Regeln mit ihm besprechen und ihm erklären, warum sie wichtig sind, und obwohl sie jetzt sehr darauf achten, ihn regelmäßig zu loben, wenn er Absprachen einhält, gibt es immer wieder Regeln und Aufforderungen, die er nicht befolgt. Paul weiß aber oft auch gar nicht, woran er bei seinen Eltern ist. So reagiert seine Mutter an manchen Tagen überhaupt nicht, wenn er beim Essen sein Saftglas umstößt. Sie steht nur wortlos auf und wischt den Saft selbst auf. An anderen Tagen wiederum wird sie in der gleichen Situation richtig wütend, schreit und schimpft und gibt ihm für den Rest des Nachmittags Hausarrest in seinem Zimmer. Zumeist kommt Paul dann aber doch schon nach kurzer Zeit wieder heraus. Seine Mutter ist dann aber viel zu beschäftigt, um sich darum zu kümmern, und hat auch einfach keine Lust mehr auf weitere Diskussionen, die notwendig wären, um die gesetzte (aber eigentlich viel zu harte) Konsequenz auch durchzusetzen.

? *Wie gehen Sie mit Konsequenzen um?*

Was wollen wir mit diesem Baustein erreichen?

Liebe Eltern!

Insbesondere bei der Erziehung von unaufmerksamen, impulsiven und hyperaktiven Kindern ist es wichtig, als Eltern bei bestimmten Themen eine konsequente Haltung zu finden, d.h. die Einhaltung von Regeln und Aufforderungen zu überprüfen und regelmäßig positive und, wenn notwendig, auch negative Konsequenzen folgen zu lassen. Im letzten Baustein haben wir Ihnen vermittelt, wie Sie wirkungsvolle Aufforderungen stellen und positive Konsequenzen einsetzen können, wenn Ihr Kind Regeln oder Aufforderungen befolgt. In diesem Baustein zeigen wir Ihnen nun, wie Sie natürliche negative Konsequenzen setzen können, wenn Ihr Kind nicht das tut, wozu Sie es auffordern, oder wenn es eine Regel verletzt. Wichtig ist, dass Sie jedes Mal, wenn Ihr Kind sich nicht an eine Aufforderung oder Regel hält, die negative Konsequenz folgen lassen, nicht nur, wenn Sie das problematische Verhalten Ihres Kindes gerade als besonders störend empfinden. Natürlich kann es manchmal vorkommen, dass Sie so erschöpft sind, dass Sie nicht die Kraft haben, auch noch eine negative Konsequenz durchzuführen – das ist sehr verständlich! Damit Ihr Kind lernt, Regeln und Aufforderungen nachzukommen, ist aber gerade diese Beständigkeit sehr wichtig. Verzichten Sie lieber auf eine Aufforderung, wenn Sie einmal keine Kraft mehr haben sollten, eine negative Konsequenz durchzuführen. Dies können Sie auch gegenüber Ihrem Kind ausdrücken, zum Beispiel so: „Heute habe ich keine Kraft mehr, dafür zu sorgen, dass du dir die Hände vor dem Essen wäschst. Ich freue mich, wenn du es tust, aber ich kann mich jetzt nicht darum kümmern." Sollte sich Ihr Kind dann „freiwillig" die Hände waschen, sollten Sie natürlich mit Lob nicht sparen!

? *Welche Verhaltensweisen zeigt Ihr Kind, auf die Sie manchmal deutliche Konsequenzen folgen lassen, über die Sie aber an anderen Tagen hinwegsehen?*

Die nebenstehende Abbildung zeigt erneut die verschiedenen Schritte zum Ausbruch aus dem Teufelskreis. Regeln aufstellen, Aufforderungen wirkungsvoll stellen und Loben sowie andere positive Konsequenzen haben wir in den letzten Bausteinen besprochen. Neu hinzu kommt in diesem Baustein das Setzen natürlicher negativer Konsequenzen, wenn Ihr Kind eine Aufforderung nicht befolgt oder eine Regel verletzt. Unsere Abbildung ist damit jetzt vollständig.

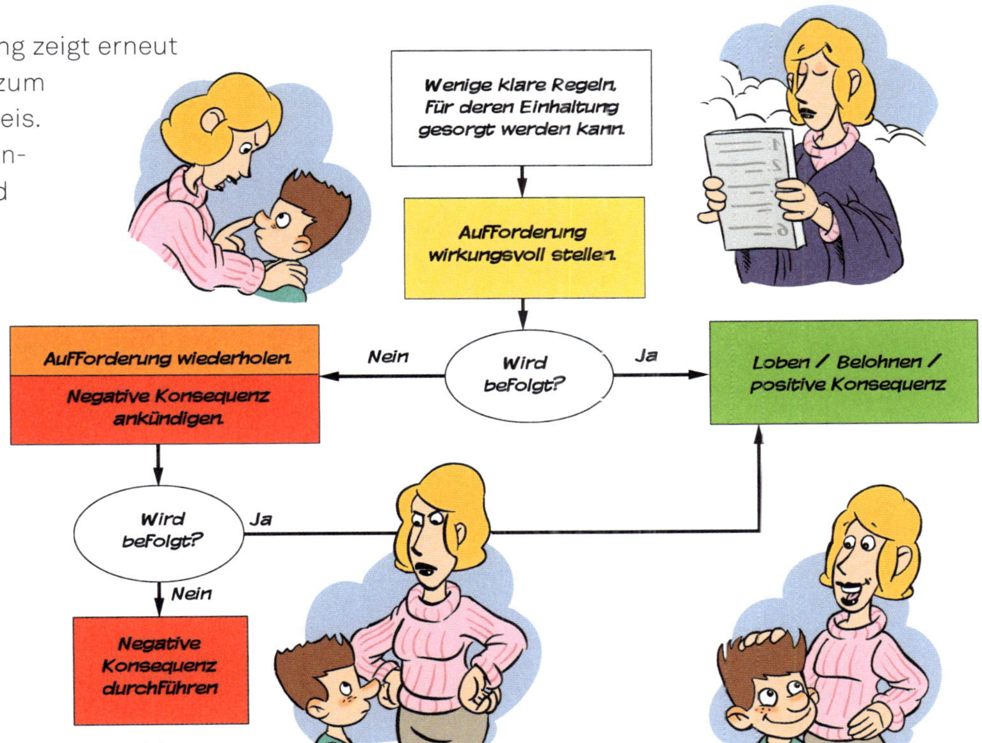

© Klaus Gehrmann

Das kann Ihnen helfen!

Setzen Sie natürliche Konsequenzen, wenn Ihr Kind Aufforderungen und Regeln nicht befolgt!

© Klaus Gehrmann

Viele Eltern von Kindern mit Verhaltensproblemen haben Schwierigkeiten, regelmäßig und angemessen auf die häufigen Regelverstöße ihrer Kinder zu reagieren. Das haben wir auch im Beispiel gesehen: Mal stört es Pauls Mutter sehr, wenn er sein Saftglas umstößt, mal findet sie es nicht so schlimm. Häufig hängt die Reaktion der Eltern auf einen Regelverstoß also davon ab, wie sehr sie sich darüber ärgern. So kann es sein, dass Eltern an einem Tag sehr streng auf das problematische Verhalten ihres Kindes reagieren, während sie an anderen Tagen überhaupt keine Konsequenz folgen lassen. Oft drohen Eltern auch Konsequenzen an und setzen sie dann gar nicht oder nur teilweise um.

? Erkennen Sie sich und Ihre Familie in dieser Beschreibung wieder?

? Setzen Sie auch manchmal Konsequenzen, die Sie dann doch nicht oder nur teilweise durchführen können oder wollen?

? Reagieren Sie auch, je nach Stimmung, unterschiedlich auf das Verhalten Ihres Kindes?

Überlegen Sie sich schon im Vorhinein, welche Konsequenzen Sie angemessen und umsetzbar finden – so kommen Sie nicht in die Situation, sich spontan „irgendeine" negative Konsequenz ausdenken zu müssen, wenn Ihr Kind sich nicht an eine Regel oder Aufforderung hält. Im Folgenden geben wir Ihnen einige Hinweise, die Ihnen helfen sollen, auf die Verhaltensprobleme Ihres Kindes sogenannte „natürliche Konsequenzen" folgen zu lassen und diese regelmäßig anzuwenden. Mit „natürlich" ist gemeint, dass die Konsequenz sich möglichst aus dem Problemverhalten ergeben oder mit diesem in Zusammenhang stehen sollte (also z. B. kein Fernsehverbot, wenn Ihr Kind erst nach mehrfacher Aufforderung zum Essen kommt, sondern vielleicht eher eine begrenzte Essenszeit, die es dann einhalten muss, wenn es etwas essen möchte). In diesem Baustein wollen wir Ihnen nahebringen, wie solche natürlichen Konsequenzen aussehen können. Im Alltag ist es manchmal schwierig, immer passende negative Konsequenzen zu finden. Wichtig ist aber, überhaupt konsequent zu sein!

1. Denken Sie daran, wirkungsvolle Aufforderungen zu stellen.
Denken Sie daran, dass Sie Aufforderungen nur dann stellen, wenn Sie bereit und in der Lage sind, diese auch durchzusetzen. Stellen Sie Aufforderungen eindeutig, vergewissern Sie sich der Aufmerksamkeit Ihres Kindes und überprüfen Sie, ob Ihr Kind der Aufforderung nachkommt. Schauen Sie sich noch einmal die Stichpunkte auf der *Memokarte 4: Wirkungsvoll auffordern und loben!* aus Baustein 5 an.

? Können Sie sich noch an die Hinweise für wirkungsvolle Aufforderungen erinnern?

2. Loben Sie Ihr Kind oder geben Sie eine andere positive Konsequenz, wenn es Aufforderungen und Regeln einhält.
Denken Sie unbedingt daran, Ihr Kind zu loben oder mit einer anderen positiven Konsequenz zu verstärken, wenn es sich an Regeln und Aufforderungen hält (siehe Baustein 5). Wenn Sie auf unangemessenes Verhalten eine negative Konsequenz folgen lassen, ist es sehr wichtig, dass Sie im ersten Schritt immer auch positives Verhalten entsprechend anerkennen. Nur durch diese positiven Rückmeldungen und Bestätigungen kann sich das erwünschte Verhalten Ihres Kindes wirklich und längerfristig festigen.

? Können Sie sich mit dem Gedanken anfreunden, dass Lob und positive Konsequenzen genauso wichtig sein sollen wie negative Konsequenzen?

3. Achten Sie bei der Auswahl negativer Konsequenzen darauf, dass sie auch umsetzbar sind.
Negative Konsequenzen müssen folgende Eigenschaften haben:

a) Negative Konsequenzen müssen durchführbar sein!
Sprechen Sie nur negative Konsequenzen aus, die Sie auch durchführen können bzw. zu deren Durchführung Sie bereit sind. Denken Sie schon im Vorfeld darüber nach, welche negativen Konsequenzen Sie wirklich für durchführbar halten.
Ungünstig wäre folgendes Beispiel: Sie haben gemeinsam mit Ihren Kindern verabredet, zum Schwimmen zu fahren. Kurz vorher schlägt Ihr Sohn seinen Bruder. Sie sagen: „Du hast deinen Bruder geschlagen, jetzt darfst du nicht mit uns zum Schwimmen fahren.“ Erstens ist die Konsequenz vielleicht etwas zu hart, zweitens ist sie aber vor allem ungünstig, wenn Sie eigentlich gar keine Möglichkeit haben, Ihren Sohn irgendwo anders zu lassen. Diese Konsequenz wäre damit in dieser Form nicht durchführbar: Entweder würde das bedeuten, dass Sie alle nicht zum Schwimmen fahren könnten (damit wäre dann auch Ihr anderer Sohn bestraft), oder Sie müssten diese Ankündigung zurücknehmen und wären damit inkonsequent. Eine günstigere negative Konsequenz könnte in diesem Falle eventuell sein, Ihren Sohn erst 10 Minuten später ins Wasser (oder auf die Rutsche) gehen zu lassen als seinen Bruder. Er müsste in dieser Zeit, in der sein Bruder schon ins Wasser darf, noch bei Ihnen am Beckenrand bleiben.

Welche Konsequenzen fallen Ihnen ein, die Sie manchmal aussprechen, obwohl Sie für die Durchführung nicht garantieren können?

b) Negative Konsequenzen müssen sofort erfolgen!

Negative Konsequenzen sollten möglichst zeitnah auf das Problemverhalten folgen – sie sind umso wirkungsvoller, je näher sie zeitlich am Problemverhalten durchgeführt werden. Natürlich kann es vorkommen, dass eine Konsequenz nicht sofort erfolgen kann (beispielsweise, wenn Sie selbst das Haus verlassen müssen). Kündigen Sie Ihrem Kind in solchen Fällen die negative Konsequenz jedoch unmittelbar an und führen Sie sie dann zum nächstmöglichen Zeitpunkt durch. Ein Beispiel könnte sein: „Du hast deinem Bruder die Duplo-Polizeistation kaputt gemacht und musst sie wieder aufbauen. Wir müssen jetzt aber zu unserem Termin. Du holst das nach, sobald wir wieder zu Hause sind!"

c) Negative Konsequenzen müssen regelmäßig erfolgen!

Die entscheidende Voraussetzung für eine längerfristige Verhaltensänderung Ihres Kindes ist die Regelmäßigkeit, mit der eine Konsequenz durchgeführt wird, nicht die Härte! Nur durch regelmäßige und konstante negative Konsequenzen macht Ihr Kind die Erfahrung, dass sein unangemessenes Verhalten nicht akzeptiert wird, und lernt, sich angemessen zu verhalten.

Können Sie sich vorstellen, auf eine Situation immer auf dieselbe Weise zu reagieren? Was erscheint Ihnen dabei schwierig? Sehen Sie dabei konkrete Probleme?

4. Beachten Sie verschiedene Formen von natürlichen negativen Konsequenzen.

Es lassen sich verschiedene Formen natürlicher negativer Konsequenzen unterscheiden:

a) Wiedergutmachung

Das Kind muss den Schaden, der durch das Problemverhalten entstanden ist, „wiedergutmachen":

- Das Kind baut die kaputte Polizeistation des Bruders wieder auf.
- Das Kind putzt den verschütteten Tee (ggf. mit Ihrer Hilfe) auf.
- Das Kind hebt das heruntergeworfene Spielmaterial auf.

? Welche problematische Situation in Ihrem Alltag würde sich für eine „Wiedergutmachung" eignen?

b) Aktives Ignorieren

Sie lassen das problematische Verhalten Ihres Kindes „ins Leere laufen" und verstärken dieses daher nicht mit negativer Aufmerksamkeit (z. B. durch Ermahnen, Schimpfen). Ihr Kind erhält damit die Eigenverantwortung für sein Tun zurück. Besonders erfolgversprechend ist diese negative Konsequenz bei provozierendem Verhalten:

- Sie ignorieren das Verhalten Ihres Kindes und verlassen den Raum, wenn es Sie beim Telefonieren immer wieder unterbricht.

? In welcher problematischen Situation in Ihrem Alltag könnten Sie diese Methode anwenden?

c) Ausschluss aus der Situation

Das Kind wird aus der Situation kurzzeitig ausgeschlossen, in der sich das Problemverhalten entwickelt hat:

- Das Kind muss das Zimmer verlassen, in welchem es den Bruder ärgert.
- Das Kind wird aus dem gemeinsamen Spiel ausgeschlossen (oder muss eine Runde aussetzen), weil es sich nicht an eine Spielregel hält.
- Das Kind wird für ein paar Minuten vom gemeinsamen Essen ausgeschlossen (es kann auf einem „stillen Stuhl" oder einer „stillen Bank" sitzen), weil es nicht aufhört, laute Geräusche zu machen.

? Welche problematische Situation in Ihrem Alltag würde sich für einen „Ausschluss aus der Situation" eignen?

Das Problemverhalten kann durch den Ausschluss aus der Situation zunächst unterbrochen werden. Allerdings ist der Ausschluss nur dann eine wirksame negative Konsequenz, wenn Ihr Kind ihn auch als unangenehm erlebt. Der Ausschluss muss nicht lange andauern, Sie sollten eine Mindestzeitspanne jedoch schon im Vorhinein festlegen (z.B. 5 Minuten). Pro Lebensjahr sollte diese Zeit als Faustregel 1 bis 2 Minuten betragen, also bei einem vierjährigen Kind beispielweise zwischen 4 und 8 Minuten. Ist diese Zeit abgelaufen, sollte Ihr Kind die Möglichkeit haben, den Ausschluss von sich aus zu beenden, wenn es der Meinung ist, dass es sich jetzt an die Regel/Aufforderung halten kann.

d) Entzug von Privilegien

Sie können Ihrem Kind Dinge entziehen, die es besonders gerne mag oder besonders gerne hat. Am günstigsten ist es, wenn der Entzug solcher Privilegien mit dem Problemverhalten in Verbindung steht:

- Das Kind bekommt nur dann einen Nachtisch, wenn es den Teller leer gegessen hat, den es sich zuvor selbst gefüllt hat.
- Die Spielmaterialien, die trotz Aufforderung zum Aufräumen noch auf dem Fußboden liegen (sodass nicht gestaubsaugt werden kann), werden in einen Sack gesteckt und für eine Zeit lang im Keller verwahrt.

? Welche Privilegien könnten Sie Ihrem Kind nach einem Regelverstoß entziehen?

Oft entziehen Eltern Fernsehen als Privileg. Im Vorschulalter sehen noch nicht alle Kinder fern oder nutzen Medien, viele der hier angesprochenen Kinder zeigen aber ein großes Interesse daran. Achten Sie darauf, Ihrem Kind bei problematischem Verhalten „alltägliche" Privilegien zu entziehen, die möglichst zeitnah auf das Problemverhalten folgen (ungünstig wäre es, einen für die nächste Woche geplanten Besuch im Schwimmbad zu streichen). Beim Fernsehen oder dem sehr beliebten Spielzeug besteht statt des kompletten Entzugs auch die Möglichkeit, als Konsequenz die Zeit (der Nutzung) einzuschränken. Beispielsweise darf Ihr Kind seine Lieblingssendung im Fernsehen erst 5 oder 10 Minuten später einschalten oder bekommt seinen Lieblingsbagger erst, nachdem es schon 10 Minuten ohne ihn im Sandkasten gespielt hat. Auf Dauer können auch solche eher kleinen Konsequenzen sehr effektiv sein. Zudem hat ein solches Vorgehen den Vorteil, dass Sie sich als Eltern nicht selbst bestrafen, weil Sie dadurch nicht den ganzen Abend das quengelnde Kind „aushalten" müssen, das nicht fernsehen darf oder den ganzen Spielplatzbesuch über seinen Bagger nicht bekommt.

? In welchen Situationen wäre diese Methode bei Ihnen sinnvoll?

e) Einengung des Handlungsspielraums

Besonders bei jüngeren Kindern ist es sinnvoll, die negative Konsequenz nicht durch Worte, sondern durch Handlungen zu setzen:

- Sie führen die Hand Ihres Kindes zu den Schuhen, die es aufräumen soll.
- Sie begeben sich auf die Höhe Ihres Kindes und führen ihm die Hand beim Aufräumen oder Aufwischen.
- Sie nehmen Ihrem Kind das Spielzeug aus der Hand, das es dem Bruder weggenommen hat.

? *In welchen problematischen Situationen können Sie sich vorstellen, dass diese Methode bei Ihrem Kind hilfreich ist?*

5. Erarbeiten Sie für jede einzelne Regel und Aufforderung die natürliche negative Konsequenz.

Nehmen Sie die *Memokarte 3: Sorgen Sie für klare Regeln!* aus Baustein 4 zur Hand. Notieren Sie für jede einzelne Regel in der Spalte „Konsequenzen bei Nicht-Einhaltung der Regel“ eine natürliche negative Konsequenz bzw. überdenken Sie noch einmal bereits eingetragene Konsequenzen.

! Bedenken Sie, dass natürliche Konsequenzen

- sich möglichst *direkt* aus dem Problemverhalten ergeben sollen,
- *durchführbar* sein müssen,
- *sofort* erfolgen sollen,
- *regelmäßig* erfolgen sollen.

6. Durchführung der negativen Konsequenz

Halten Sie sich an die folgenden Schritte, wenn Ihr Kind sich nicht an eine Regel oder Aufforderung hält:

Schritt 1: Benennen Sie zunächst die Regelverletzung und kündigen Sie die negative Konsequenz an (z. B.: „Du darfst deinen Bruder nicht schlagen, du musst jetzt in dein Zimmer!“).

Schritt 2: Falls das Problemverhalten noch andauert, geben Sie Ihrem Kind eine Chance, sich erwünscht zu verhalten (z. B. wenn Ihr Kind seine Spielkiste nicht aufräumt). Befolgt Ihr Kind jetzt die Aufforderung, denken Sie daran, es dafür zu loben. Achten Sie darauf, ein „echtes“ Lob zu geben (in dem Beispiel statt „Wäre schön, wenn das das nächste Mal direkt klappt.“ lieber „Klasse, dass du deine Kiste aufräumst!“)!

Schritt 3: Bieten Sie Ihrem Kind die Möglichkeit, sich zu der Regelverletzung zu äußern („Ich habe meinen Bruder gehauen, weil er mir mein Spielzeug weggenommen hat.“).

Schritt 4: Falls notwendig, begründen Sie noch einmal kurz die Regel („Das war nicht richtig von deinem Bruder, darüber werde ich mit ihm sprechen, aber das darf trotzdem kein Grund sein, ihn zu schlagen!“).

Schritt 5: Führen Sie die negative Konsequenz durch („Du entschuldigst dich bei ihm, er gibt dir dein Spielzeug wieder und ihr bleibt beide für 5 Minuten in euren Zimmern!").

7. Führen Sie keine langen Diskussionen mit Ihrem Kind.
Damit es keine Missverständnisse gibt und Ihr Kind nicht ungerecht behandelt wird, sollte es sich zwar kurz zu der problematischen Situation äußern dürfen. Achten Sie aber darauf, sich nicht auf Grundsatzdiskussionen über die Regel selbst einzulassen! Sollte tatsächlich einmal eine ausführlichere Diskussion einer Regel erforderlich sein, führen Sie solche Gespräche in einer ruhigen Atmosphäre und nicht unmittelbar im Anschluss an das Problemverhalten.

? *Neigt Ihr Kind zu Grundsatzdiskussionen? Können Sie sich vorstellen, diese nun früher abzubrechen?*

8. Führen Sie die negative Konsequenz möglichst ruhig durch.
Sicher ist es keine einfache Aufgabe, negative Konsequenzen immer ruhig durchzuführen. Machen Sie sich aber klar, dass lautes Schreien in der Regel nur der Abfuhr des eigenen Ärgers dient und keine hilfreiche Erziehungsmaßnahme darstellt. Im Gegenteil – meist heizt sich die Situation noch weiter auf. Negative Konsequenzen werden in der Regel wirksamer sein, wenn Sie sie mit Ruhe ausführen. Versuchen Sie, Ihren Ärger zunächst ein wenig zu vermindern, falls Sie einmal sehr ärgerlich sein sollten oder zu impulsiven Handlungen neigen. Hilfreiche Strategien in solchen Situationen können sein, einfach etwas Zeit verstreichen zu lassen, einige Male tief durchzuatmen oder kurz aus dem Raum zu gehen.

? *Geht es Ihnen auch manchmal so, dass Sie sehr aufgewühlt mit Ihrem Kind reden? Wie können Sie es schaffen, in der Situation wieder ruhig zu werden?*

9. Konzentrieren Sie sich zunächst nur auf wenige Aufforderungen oder Familienregeln.
Wählen Sie zunächst nur ein oder zwei Aufforderungen aus, bei denen Sie die natürlichen negativen Konsequenzen anwenden und „üben" wollen. Sie können dazu noch einmal das *Arbeitsblatt 3: Problemliste – Verhaltensprobleme meines Kindes in der Familie* aus dem ersten Baustein und die *Memokarte 3: Sorgen Sie für klare Regeln!* aus dem vierten Baustein ansehen. Schreiben Sie die ausgewählten Aufforderungen

und die entsprechenden natürlichen Konsequenzen auf die erste Seite der *Memokarte 5: Konsequenzen gehören dazu!* und protokollieren Sie Ihre Erfahrungen auf der zweiten Seite (siehe Abbildung 13).

Gerade die Umsetzung angemessener negativer Konsequenzen ist oft schwierig und erfordert häufig viel Zeit und Energie. Wir möchten Sie ermutigen, dennoch dranzubleiben, auch wenn nicht alles direkt gut gelingt – dieser Einsatz zahlt sich oft langfristig aus!

Memokarte 5 (Seite 1) **Baustein 6**

Konsequenzen gehören dazu!

1. Denken Sie daran, wirkungsvolle Aufforderungen zu stellen.
2. Loben Sie Ihr Kind oder geben Sie eine andere positive Konsequenz, wenn es Aufforderungen und Regeln einhält.
3. Achten Sie bei der Auswahl negativer Konsequenzen darauf, dass sie auch umsetzbar sind:
   - Negative Konsequenzen müssen durchführbar sein!
   - Negative Konsequenzen müssen sofort erfolgen!
   - Negative Konsequenzen müssen regelmäßig erfolgen!
4. Beachten Sie verschiedene Formen von natürlichen negativen Konsequenzen:
   - Wiedergutmachung
   - Aktives Ignorieren
   - Ausschluss aus der Situation
   - Entzug von Privilegien
   - Einengung des Handlungsspielraums
5. Konzentrieren Sie sich zunächst nur auf wenige Aufforderungen oder Familienregeln und erarbeiten Sie für diese die natürliche negative Konsequenz:

Aufforderung/Regel	Negative Konsequenz
1. Paul, geh ins Badezimmer und zieh dich um!	Vorlesegeschichte fällt weg
2. Paul, beschäftige dich mit deinem Duplo, während ich telefoniere, und unterbrich mich nicht	Ich verlasse den Raum und entziehe dadurch die Aufmerksamkeit

6. Führen Sie die natürliche Konsequenz wie folgt durch, wenn sich Ihr Kind nicht an die Regel/Aufforderung hält:
   - Benennen Sie die Regelverletzung und kündigen Sie die negative Konsequenz an.
   - Geben Sie Ihrem Kind die Chance, zu reagieren. Kommt Ihr Kind jetzt der Aufforderung nach, so loben Sie es dafür.
   - Geben Sie Ihrem Kind die Möglichkeit, sich zu einer Regelverletzung zu äußern.
   - Begründen Sie, wenn nötig, noch einmal kurz die Regel.
   - Führen Sie die negative Konsequenz durch.
7. Führen Sie keine langen Diskussionen mit Ihrem Kind.
8. Führen Sie die negative Konsequenz möglichst ruhig durch.

Memokarte 5 (Seite 2) **Baustein 6**

Konsequenzen gehören dazu! (Protokoll)

Datum	Aufforderung Nummer*	Wurde die Aufforderung wirkungsvoll gestellt?	Was hat Ihr Kind gemacht?	Was haben Sie dann gemacht?
27.04.	2	ja	Paul hat mich trotz Erinnerung an unsere Vereinbarung zweimal unterbrochen und wollte nicht abwarten.	Ich bin aus dem Raum gegangen; er musste mit seinem Anliegen warten, bis ich zu Ende telefoniert hatte.
30.04.	1	ja	Paul hat morgens getrödelt, hat sich beim Anziehen ablenken lassen und sich zwischendurch mit seinem Spielzeug beschäftigt.	Da die Zeit knapp wurde, hatten wir keine Zeit für unsere morgendliche Vorlesegeschichte.
30.04.	2	ja	Paul hat mich mehrmals unterbrochen, weil er sein Spielauto nicht finden konnte, wurde wütend.	Ich war gestresst und genervt, habe mit ihm geschimpft und es nicht geschafft, die Konsequenz ruhig durchzuführen.

* Nummer der Aufforderung von der ersten Seite der Memokarte 5 eintragen.

Abbildung 13:
Konsequenzen gehören dazu! (Memokarte 5)

Platz für Ihre Bemerkungen/Fragen:

Memokarte 5 (Seite 1) **Baustein 6**

Konsequenzen gehören dazu!

1. Denken Sie daran, wirkungsvolle Aufforderungen zu stellen.
2. Loben Sie Ihr Kind oder geben Sie eine andere positive Konsequenz, wenn es Aufforderungen und Regeln einhält.
3. Achten Sie bei der Auswahl negativer Konsequenzen darauf, dass sie auch umsetzbar sind:
   - Negative Konsequenzen müssen durchführbar sein!
   - Negative Konsequenzen müssen sofort erfolgen!
   - Negative Konsequenzen müssen regelmäßig erfolgen!
4. Beachten Sie verschiedene Formen von natürlichen negativen Konsequenzen:
   - Wiedergutmachung
   - Aktives Ignorieren
   - Ausschluss aus der Situation
   - Entzug von Privilegien
   - Einengung des Handlungsspielraums
5. Konzentrieren Sie sich zunächst nur auf wenige Aufforderungen oder Familienregeln und erarbeiten Sie für diese die natürliche negative Konsequenz:

Aufforderung/Regel	Negative Konsequenz
1.	
2.	

6. Führen Sie die natürliche Konsequenz wie folgt durch, wenn sich Ihr Kind nicht an die Regel/Aufforderung hält:
   - Benennen Sie die Regelverletzung und kündigen Sie die negative Konsequenz an.
   - Geben Sie Ihrem Kind die Chance, zu reagieren. Kommt Ihr Kind jetzt der Aufforderung nach, so loben Sie es dafür.
   - Geben Sie Ihrem Kind die Möglichkeit, sich zu einer Regelverletzung zu äußern.
   - Begründen Sie, wenn nötig, noch einmal kurz die Regel.
   - Führen Sie die negative Konsequenz durch.
7. Führen Sie keine langen Diskussionen mit Ihrem Kind.
8. Führen Sie die negative Konsequenz möglichst ruhig durch.

Memokarte 5 (Seite 2) **Baustein 6**

Konsequenzen gehören dazu! (Protokoll)

Datum	Aufforderung Nummer*	Wurde die Aufforderung wirkungsvoll gestellt?	Was hat Ihr Kind gemacht?	Was haben Sie dann gemacht?

* Nummer der Aufforderung von der ersten Seite der Memokarte 5 eintragen.

Baustein 7

Wenn Lob alleine nicht ausreicht: Punkte-Schlange oder Wettkampf um lachende Gesichter

Materialien zum Baustein 7
Arbeitsblatt 8: Meine Punkte-Schlange (Spielregeln)
Arbeitsblatt 9: Meine Punkte-Schlange
Arbeitsblatt 10: Wettkampf um lachende Gesichter (Spielregeln)
Arbeitsblatt 11: Wettkampf um lachende Gesichter (Spielplan)

→ Sie finden die Materialien am Ende des Bausteins (s. Seite 149) und als PDF-Download (s. Seite 173).

Kennen Sie das?

© Klaus Gehrmann

Die Nerven von Pauls Mutter werden schon früh am Morgen auf eine harte Probe gestellt. Schließlich muss sie dafür sorgen, dass Paul und sie rechtzeitig aus dem Haus gehen, um pünktlich im Kindergarten und bei der Arbeit zu sein. Aber das ist gar nicht so einfach! Paul ist morgens oft richtig schlecht gelaunt und müde, sodass seine Mutter ihn mehrmals wecken muss. Häufig quengelt oder mault er dann, kommt aber immer noch nicht aus dem Bett. Und dann das Chaos und Trödeln im Badezimmer! Am liebsten wäscht Paul sich morgens ohne Wasser, und auch die Haare kämmt er nur halbherzig! Auch das Anziehen ist oft ein einziges Drama. „Das soll ich anziehen? – Nee, das will ich nicht, das T-Shirt kratzt mich!“ Wenn Paul endlich bereit fürs Frühstück ist, ist es meist schon so spät, dass keine Zeit mehr für Gemeinsamkeit und Gemütlichkeit bleibt. Meist schmiert Pauls Mutter ihm nur noch schnell zwei Brote, die er im Vorbeigehen isst und mitnimmt. Wenn die beiden endlich aus dem Haus gehen, ist Pauls Mutter oft schweißgebadet. Jeden Morgen hofft sie, dass sie nicht wieder zu spät zur Arbeit kommt.

Pauls Mutter achtet mittlerweile sehr darauf, Paul zu loben, wenn er sich an ihre Aufforderungen und an die Familienregeln hält. Dennoch sind manche Situationen nach wie vor sehr schwierig. Viele Probleme bestehen jetzt schon unglaublich lange. Die Verhaltensweisen von Paul und seiner Mutter in diesen Situationen sind so festgefahren, dass es ihnen einfach nicht gelingt, aus dem Teufelskreis auszubrechen. Immer wieder geraten sie in solchen Situationen aneinander.

? Gibt es bei Ihnen auch Situationen, in denen Sie trotz Loben noch keine ausreichende Verbesserung erzielen konnten?

Was wollen wir mit diesem Baustein erreichen?

Liebe Eltern!

Obwohl viele Eltern darauf achten, ihr Kind regelmäßig zu loben, wenn es etwas gut gemacht hat oder sich an Regeln und Aufforderungen hält, gibt es häufig noch Regeln und Aufforderungen, denen die Kinder nicht nachkommen. Besonders, wenn das Problemverhalten schon sehr lange auftritt und entsprechend stabil ist, ist es manchmal nicht ausreichend, dass Eltern ihr Kind durch Lob oder andere positive Konsequenzen dazu motivieren, sich an Regeln und Aufforderungen zu halten. Andere Eltern wiederum haben auch Schwierigkeiten, ihr Kind in ihrem stressigen Alltag regelmäßig zu loben, obwohl sie es sich fest vorgenommen haben.

Wie Sie vielleicht schon bemerkt haben, ist dieser Baustein etwas umfangreicher. Das liegt daran, dass wir Ihnen hier unterschiedliche sogenannte „Belohnungspläne" vorstellen wollen, die Ihnen helfen können, festgefahrene Probleme mit Ihrem Kind zu lösen. Im Rahmen dieser Pläne kann Ihr Kind sich Punkte „verdienen", wenn es sich an bestimmte erwünschte Verhaltensweisen hält. Diese Punkte kann es später in Sonderbelohnungen umtauschen. Die beiden Belohnungspläne, die wir Ihnen vorstellen möchten, werden für unterschiedliche Problemsituationen angewendet, wie wir Ihnen gleich noch erläutern werden.

Da es nicht günstig ist, wenn mehrere Belohnungspläne parallel durchgeführt werden, sollten Sie sich zunächst auf einen Plan beschränken. Zu einem späteren Zeitpunkt können Sie dann gegebenenfalls auch den zweiten Belohnungsplan anwenden.

? Können Sie sich für Ihre Familie einen Belohnungsplan vorstellen?

Der erste Teil dieses Bausteins stellt die *Punkte-Schlange* vor. Bei dieser bekommt das Kind immer dann einen Klebepunkt oder ein Sternchen, wenn es eine bestimmte Regel eingehalten hat.

! Verwenden Sie die **Punkte-Schlange,**

- wenn Sie das angemessene Verhalten ganz klar in einer Regel beschreiben können und
- wenn das Kind die Regel nur ein- bis dreimal am Tag einhalten muss.

Beispiele dafür können sein: nach dem Betreten des Hauses direkt die Straßenschuhe ausziehen oder morgens nach der ersten Aufforderung mit dem Aus- und Anziehen beginnen, bei einer Mahlzeit für mindestens 5 Minuten ruhig am Platz sitzen und essen oder beim Fertigmachen im Flur vor dem Verlassen des Hauses den Bruder nicht hauen.

Der zweite Teil des Bausteins beschreibt den *Wettkampf um lachende Gesichter*.

Der **Wettkampf um lachende Gesichter** ist vor allem dann zu empfehlen,

- wenn das unerwünschte Verhalten sehr häufig auftritt und
- vor allem das häufige Auftreten ein Problem ist (z. B. ständiges Aufstehen oder Ärgern der Geschwister beim Essen).

Bei beiden Belohnungsplänen kann das Kind anschließend seine „verdienten" Punkte in Sonderbelohnungen umtauschen. Dadurch wird das Kind zu einer Verhaltensänderung motiviert. Manche Eltern sehen die Belohnungspläne erst einmal sehr kritisch, weil sie es nicht gut finden, sich das Verhalten ihres Kindes zu „erkaufen". Sie sind der Meinung, das Kind müsse bestimmte Dinge aus Überzeugung tun bzw., „weil es selbstverständlich ist", und es verdiene dafür keine Extrabelohnung. Die besonderen Probleme mit einem besonderen Kind erfordern jedoch besondere Maßnahmen. Wenn sich schwierige Verhaltensweisen verfestigt haben und die ganze Familie mit den Nerven am Ende ist, lassen sich Verhaltensänderungen nur schwer herbeiführen. In solchen Fällen hat es sich als sehr hilfreich herausgestellt, mit einem „Spiel" wie der Punkte-Schlange (oder dem Wettkampf um lachende Gesichter) eine Veränderung der Situation zu erreichen. Da sich das Problemverhalten so festgefahren hat, fällt die Verhaltensänderung Ihrem Kind auch wirklich schwer. Es verdient daher auch einen Anreiz in Form von Belohnungen. Wenn Sie die „richtigen" Belohnungen aussuchen (Beispiele siehe Seite 136), werden Sie nicht das Gefühl entwickeln, sich das Verhalten Ihres Kindes zu „erkaufen". Zudem soll der Belohnungsplan die Verhaltensänderung anstoßen und nicht „ein Leben lang" fortgeführt werden, aber auch dazu erfahren Sie später mehr. Bei jungen Kindern, um die es hier ja geht, reicht auch oftmals die unmittelbare Belohnung durch die Vergabe des Punktes selbst aus. Das Kind freut sich schon so über diese explizite Form einer positiven Rückmeldung, dass Sonderbelohnungen nicht immer notwendig sind. Sie können die Punkte-Schlange oder den Wettkampf um lachende Gesichter also bei Kindern zwischen 3 und 6 Jahren auch zunächst nur „für sich alleine genommen" ausprobieren.

?

Haben Sie Bedenken wegen eines Belohnungsplans? Oder können Sie nachvollziehen, dass Kinder manchmal einen zusätzlichen Anreiz zur Verhaltensänderung brauchen?

Das kann Ihnen helfen!

Teil 1: Die Punkte-Schlange

Die Punkte-Schlange bietet Eltern die Möglichkeit, ihrem Kind eine zusätzliche Motivation zu geben, ihren Aufforderungen nachzukommen. Damit verleihen sie diesen Aufforderungen auch mehr Bedeutung. In der Punkte-Schlange werden eine oder mehrere Regeln festgelegt; wenn das Kind sich an die Regeln hält, kann es sich Punkte „verdienen". Die Eltern geben dem Kind unmittelbar nach dem erwünschten Verhalten ein „Lob" in Form von Punkten und verstärken es so für sein Verhalten. Zu einem späteren Zeitpunkt kann das Kind diese Punkte dann in Belohnungen umtauschen.

Die Entwicklung der Punkte-Schlange

1. Beschreiben Sie, wie das unproblematische Verhalten in dieser Situation aussehen müsste.
Ausgangspunkt ist die Beschreibung des Problemverhaltens. Sie sollten ein Problemverhalten aussuchen, das Ihnen wichtig ist. Achten Sie aber darauf, beim ersten Einsatz eines Belohnungsplanes vielleicht nicht direkt das schwierigste Problemverhalten auszuwählen. Sie können für die Auswahl auch das *Arbeitsblatt 3: Problemliste – Verhaltensprobleme meines Kindes in der Familie* aus Baustein 1 zu Hilfe nehmen.

Beschreiben Sie im nächsten Schritt möglichst genau, welches problematische Verhalten Ihr Kind zeigt. Notieren Sie also nicht einfach: „ist unfolgsam" oder „ist ein Störenfried", sondern beispielsweise „zieht sich abends nach Aufforderung nicht aus, trödelt herum und läuft umher".

Beschreiben Sie das Problemverhalten Ihres Kindes möglichst genau.

Legen Sie nun in einem weiteren Schritt möglichst genau fest, wie das erwünschte Verhalten Ihres Kindes in der Situation aussehen würde. Wie müsste sich Ihr Kind in der Situation verhalten, damit Sie das Verhalten als unproblematisch einschätzen würden? Bei dem oben genannten Beispiel könnte das erwünschte Verhalten so lauten: „Mein Kind zieht sich spätestens nach der zweiten Aufforderung (ggf. mit meiner Hilfe) aus und wäscht sich am Waschbecken innerhalb von 15 Minuten. Während dieser Zeit läuft es nicht weg oder herum." Die genaue Definition des erwünschten Verhaltens, d.h. der Verhaltensregel, ist für die spätere Punktevergabe sehr wichtig.

Weitere Beispiele für Verhaltensregeln sind:

- Mein Kind steht morgens spätestens nach dem zweiten Wecken auf, zieht sich den Schlafanzug aus und die herausgelegten Kleidungsstücke mit meiner Hilfe (in nicht mehr als 15 Minuten) an. Dabei läuft es nicht von mir weg oder im Raum umher.
- Mein Kind sitzt beim Essen für mindestens 8 Minuten ruhig an seinem Platz und isst. Es steht währenddessen nicht auf und zappelt nicht am Platz.

Stellen Sie Verhaltensregeln auf. Beschreiben Sie dazu, wie das unproblematische Verhalten in dieser Situation aussehen müsste.

2. Wählen Sie die Art der Punkte aus, die Ihr Kind bekommt, wenn es sich angemessen verhält.
Besprechen Sie gemeinsam mit Ihrem Kind, was Sie ihm als unmittelbare Belohnung geben, wenn es in der vereinbarten Situation das erwünschte Verhalten zeigt. Günstig sind oft einfache Klebepunkte oder auch Klebebildchen, die Ihr Kind auf seine Punkte-Schlange kleben kann. Sie können die Schlange aber auch kopieren oder in Graustufen ausdrucken und jeweils ein Glied der Schlange farbig anmalen oder das Kind selbst anmalen lassen, wenn ein Punkt verdient wurde. Sie können hierbei auch Smileys, Sterne oder Blumen malen, je nachdem, was Ihnen und Ihrem Kind gefällt!

© Klaus Gehrmann

3. Bestimmen Sie die konkreten Verhaltensweisen, für die es einen Punkt gibt.
Besprechen Sie gemeinsam mit Ihrem Kind, für welche Verhaltensweisen es einen Punkt bekommen kann. Das Kind in unserem Beispiel könnte einen Punkt bekommen, wenn es sich insgesamt ohne Schwierigkeiten am Abend (ggf. mit Ihrer Hilfe beim An- und Ausziehen und Waschen) bettfertig macht. Allerdings ist es in der Regel wirkungsvoller, dem Kind auch schon dann einen Punkt zu geben, wenn Teile seines Verhaltens unproblematisch sind. Beispielsweise könnte die gemeinsame Absprache mit Ihrem Kind lauten, dass Sie ihm einen Punkt geben, wenn es spätestens nach der zweiten Aufforderung ins Kinderzimmer geht und beginnt, sich auszuziehen, einen zweiten Punkt, wenn es die Tageskleidung ausgezogen hat, und einen dritten Punkt, wenn es danach direkt ins Badezimmer geht. Einen vierten Punkt könnte es bekommen, wenn es sich gewaschen hat, einen fünften zuletzt, wenn es während dieser Zeit nicht weggelaufen ist. Damit es keine Missverständnisse oder Unstimmigkeiten gibt, müssen Sie möglicherweise noch genau definieren, was mit „weglaufen" gemeint ist. Im Anschluss müsste sich Ihr Kind dann immer noch den Schlafanzug anziehen und in sein Bett gehen, wir haben uns in diesem Beispiel aber nur auf das größte Problem konzentriert. Wir haben einmal angenommen, dass das Kind im Anschluss den Schlafanzug mit Ihrer Hilfe ohne größere Probleme anzieht und Ihnen dann zum Bett und zum Einschlafritual mit einer Geschichte gerne folgt.

In diesem Beispiel könnte sich das Kind jeden Tag bis zu 5 Punkte (Glieder der Schlange) „verdienen". Die dargestellte Aufteilung von umfangreichen Situationen in mehrere kleine Schritte ist deshalb wichtig, da sie es Ihnen ermöglicht, das Kind für jedes angemessene Verhalten unmittelbar in der Situation einzeln zu belohnen. Gegebenenfalls kann es sein, dass Sie die einzelnen Handlungsschritte noch weiter unterteilen müssen als in unserem Beispiel (z. B. Punkte für das Aus- und Anziehen einzelner Kleidungsstücke). Sie können dafür ggf. andere Anforderungen, die besser klappen, zusammenfassen und für diese dann nur einen Punkt vergeben. Achten Sie darauf, dass Sie insgesamt nicht zu viele Schritte in den Plan aufnehmen, um Ihr Kind nicht zu überfordern. Zwischen 2 und 5 Punkten während einer Situation sind hierbei günstig. Für die Punktevergabe ist es sehr günstig, wenn Sie in der Nähe Ihres Kindes bleiben, auch, wenn Ihr Kind einzelne Handlungsschritte schon selbstständig ausführen kann. So können Sie schon bei

Arbeitsblatt 8 **Baustein 7**

Meine Punkte-Schlange (Spielregeln)

Ich erhalte Klebebilder/Punkte, wenn ich es schaffe, folgende Regeln einzuhalten:

Regeln	Anzahl der Punkte
1. Ich gehe morgens spätestens nach der zweiten Aufforderung ins Badezimmer und ziehe (mit Mamas Hilfe) den Schlafanzug aus.	1
2. Ich wasche mich (mit Mamas Hilfe).	1
3. Ich ziehe (mit Mamas Hilfe) die Tageskleidung an.	1
4.	
5.	
6.	
7.	
8.	

Anmerkung: Es können jeden Tag bis zu 3 Punkte „verdient" werden, d.h., ab 2 Punkten sollte es möglich sein, eine kleine Belohnung zu erhalten.

Ich darf meine Klebebilder/Punkte eintauschen:

Anzahl der Punkte	können eingetauscht werden in:
2	1. Eine kleine Süßigkeit
3	2. Ein Sammelbild
3	3. Ein Kartenspiel mit Mama oder Papa spielen
4	4. Eine Extra-Gute-Nacht-Geschichte
6	5. Eine Runde Fußball mit Papa spielen
8	6. Eine Serie mit Mama und Papa gemeinsam ansehen
9	7. Eis essen gehen
12	8. Schwimmen gehen

Abbildung 14:
Meine Punkte-Schlange (Spielregeln) (Arbeitsblatt 8)

Beginn des erwünschten Verhaltens direkt positiv mit der Vergabe eines Punktes reagieren. Gleichzeitig kann Ihre Anwesenheit besonders zu Beginn einen festen Rahmen für Ihr Kind schaffen, der zu einem besseren Erfolg der Punkte-Schlange beiträgt. Tragen Sie die vereinbarten erwünschten Verhaltensweisen und die Anzahl der Punkte, die Ihr Kind für die einzelnen Verhaltensweisen bekommen kann, auf dem *Arbeitsblatt 8: Meine Punkte-Schlange (Spielregeln)* ein. Wir haben Ihnen in diesem Arbeitsblatt Platz für die Eintragung von acht möglichen Verhaltensweisen gelassen, für die Ihr Kind einen Punkt erhalten kann. Natürlich können Sie aber – wie in unserem Beispiel – auch weniger Verhaltensweisen notieren. Gerade, wenn Sie zum ersten Mal mit einem Belohnungsplan arbeiten, ist es – wie beschrieben – sinnvoll, mit wenigen, gut definierten Schritten zu beginnen. Wir haben Ihnen das Arbeitsblatt 8 einmal beispielhaft ausgefüllt (siehe Abbildung 14 auf Seite 135).

? Für welches Verhalten kann Ihr Kind einen Punkt „verdienen"?

4. Legen Sie gemeinsam mit Ihrem Kind eine Wunschliste für Sonderbelohnungen an.
Kleine Kinder sind häufig schon mit der unmittelbaren Belohnung und Würdigung durch die Vergabe der Punkte sehr zufrieden und brauchen keine zusätzlichen Belohnungen im Hintergrund. Bei sehr eingefahrenem Problemverhalten ist es jedoch in der Regel nicht ausreichend, Ihrem Kind Punkte als Belohnung zu geben. Wir empfehlen Ihnen für diesen Fall, mit Ihrem Kind „Sonderbelohnungen" zu vereinbaren, die es gegen eine bestimmte Anzahl von Punkten eintauschen kann. Überlegen Sie zunächst mit Ihrem Kind gemeinsam, worüber es sich freuen würde, und erstellen Sie gemeinsam mit ihm eine Wunschliste, in der Sie möglichst viele Dinge eintragen (am besten als kleine, einfache Zeichnungen). Notieren Sie zunächst alle möglichen Vorschläge für Sonderbelohnungen, auch jene, mit denen Sie nicht ganz einverstanden sind. Allerdings sollten die ganz großen Wünsche, wie ein neues Fahrrad, dabei nicht auftauchen. Besonders wichtig ist es, dass Sie auch kleinere Belohnungen aufschreiben, die Sie Ihrem Kind häufiger geben können. Dabei ist es günstig, wenn Sie nicht nur an materielle Dinge denken, sondern in erster Linie an Vergünstigungen und gemeinsame Aktivitäten.

Beispiele für Belohnungen

- Mit den Eltern ein Brettspiel spielen.
- Eine Extra-Geschichte vorgelesen bekommen.
- Zu einem besonderen Spielplatz gehen.
- Mit dem Vater Fußball spielen.
- Sticker oder Sammelkarten.
- Ins Schwimmbad gehen.
- Etwas länger aufbleiben dürfen.
- Bei einem Freund übernachten dürfen oder jemanden zur Übernachtung einladen.
- Einen bestimmten Film oder eine Sendung im Fernsehen bzw. im Internet oder auf einer DVD sehen dürfen.
- Zum Hamburger- oder Eis-Essen gehen.
- Belohnungen, die Sie Ihrem Kind schrittweise geben können, wie einzelne Bauteile für ein Duplo-Schiff oder -Flugzeug oder Puzzle-Teile.

Wunschliste für Sonderbelohnungen:

1.

2.

3.

4.

5.

6.

7.

8.

9.

10.

Lassen Sie Ihr Kind möglichst viele Vorschläge machen. Achten Sie darauf, mindestens fünf bis zehn Sonderbelohnungen mit unterschiedlichem Belohnungswert aufzuschreiben, d.h. in der Liste sollten sowohl kleinere als auch größere Belohnungen enthalten sein.

5. Bestimmen Sie die Anzahl der Punkte, die für die Sonderbelohnungen notwendig sind.
Suchen Sie im nächsten Schritt nun die Sonderbelohnungen aus, mit denen Sie und Ihr Kind beide einverstanden sind. Achten Sie bitte darauf, sowohl kleinere als auch etwas größere Sonderbelohnungen auszuwählen. Wählen Sie am besten vier Belohnungen aus, günstigenfalls auch mehr. Vereinbaren Sie dann gemeinsam mit Ihrem Kind die Anzahl der Punkte, die es für die einzelnen Belohnungen eintauschen muss. Orientieren Sie sich bzgl. der Anzahl der Punkte, die eingetauscht werden müssen, an der Anzahl der Punkte, die Ihr Kind an einem Tag erhalten kann. Wenn Ihr Kind an einem Tag etwas mehr als die Hälfte der möglichen Punkte erreicht, sollte es die kleinste Belohnung bekommen können. Natürlich sollte die notwendige Punktzahl umso höher sein, je höher der Wert der Sonderbelohnungen ist. Tragen Sie die für jede Belohnung notwendige Punktzahl auf dem *Arbeitsblatt 8: Meine Punkte-Schlange (Spielregeln)* ein.

? Wie viele Punkte können in welche Belohnung umgetauscht werden?

Die Durchführung der Punkte-Schlange

1. Befestigen Sie die Spielregeln der Punkte-Schlange (als einfache Zeichnung) und die Punkte-Schlange an einer gut sichtbaren Stelle in der Wohnung.
Überlegen Sie sich, an welcher Stelle in Ihrer Wohnung Sie die Spielregeln der Punkte-Schlange (als einfache Zeichnung oder Arbeitsblatt 8; siehe Abbildung 14 auf Seite 135) und *Arbeitsblatt 9: Meine Punkte-Schlange* aufhängen möchten. Viele Familien entscheiden sich für eine Stelle im Kinderzimmer (z.B. die Tür) oder in der Küche (z.B. am Kühlschrank). Manchen Kindern ist es jedoch unangenehm, wenn auch Besucher die Punkte-Schlange sehen können. In solchen Fällen hat es sich bewährt, den Plan an der Innenseite einer Schranktür anzubringen und diese Tür dann bei Bedarf zu öffnen. Für kleinere Kinder, die noch Schwierigkeiten im Umgang mit Zahlen und Mengen haben, ist die Punkte-Schlange besonders gut geeignet. In dieser Schlange „reihen" sich die verdienten Punkte aneinander. Dies ermöglicht den Kindern, einen guten Überblick über die Punkte zu behalten. Je mehr Punkte Ihr Kind sich verdient hat, desto länger wird die Schlange. Sie haben hier auch die Möglichkeit, an den Rand der Schlange kleine Bildchen für die Sonderbelohnungen zu malen, z.B. nach 6 Punkten ein „Eis" für Eis essen gehen, nach weiteren 4 Punkten ein „Buch" für Extra-Vorlesen.

Sie können *Arbeitsblatt 9: Meine Punkte-Schlange* als Kopiervorlage verwenden oder im Downloadbereich herunterladen und mehrfach ausdrucken, um sie über eine längere Zeit zu verwenden. Alternativ können Sie auch selbst eine Punkte-Schlange gestalten, vielleicht auch gemeinsam mit Ihrem Kind!

? Wo wollen Sie die Spielregeln und die Punkte-Schlange aufhängen?

2. Erinnern Sie Ihr Kind an die Punkte-Schlange.
Erinnern Sie Ihr Kind zu Beginn der üblicherweise problematischen Situation an die Punkte-Schlange und ermutigen Sie es. Sagen Sie ihm noch einmal kurz, wie es sich verhalten soll, damit es einen Punkt bekommen kann.

3. Geben Sie die Punkte sofort, nachdem sich Ihr Kind unproblematisch verhalten hat.
Geben Sie Ihrem Kind sofort einen Punkt, wenn es sich in der vereinbarten Situation erwünscht verhalten hat. Ihr Kind kann diesen Punkt an der entsprechenden Stelle einkleben oder aufmalen. Zeigen Sie Ihrem

Kind, dass Sie sich mit ihm freuen, und loben Sie es für seine Anstrengung. Falls Ihr Kind es nicht geschafft hat, sich unproblematisch zu verhalten, und somit keinen Punkt bekommen konnte, erklären Sie ihm kurz und in neutralem Ton, warum Sie ihm nun keinen Punkt geben konnten. Machen Sie ihm aber trotzdem Mut und motivieren Sie es, sich beim nächsten Mal bzw. für die noch zu verdienenden Punkte noch mehr anzustrengen.

4. Besprechen Sie abends mit Ihrem Kind, wie gut die Punkte-Schlange geklappt hat.
Wenn Sie mit Ihrem Kind abends, zum Beispiel beim Zubettgehen, besprechen, wie gut die Punkte-Schlange diesen Tag über geklappt hat, können Sie es noch einmal besonders für seine Erfolge loben und ihm zeigen, wie sehr Sie sich mit ihm freuen. Sollte es an einem Tag nicht so gut gelaufen sein, ermutigen Sie Ihr Kind, es am nächsten Tag wieder zu versuchen. Häufig ist es günstig, wenn Ihr Partner/Ihre Partnerin an dieser kleinen Besprechung teilnimmt. Ihr Kind kann ihm/ihr dann anhand der Punkte-Schlange zeigen, was es geschafft hat.

? *Wann haben Sie Gelegenheit, noch einmal abends über die Punkte-Schlange zu sprechen?*

5. Keine Punkte entziehen!
Achten Sie darauf, dass Sie Ihrem Kind keine Punkte als „Strafe" entziehen, wenn es sich im Laufe des Tages in anderen als den im Plan vereinbarten Situationen problematisch verhält. Es ist ganz wichtig, dass Sie Ihrem Kind einmal „verdiente" Punkte auf keinen Fall wieder wegnehmen. Ansonsten kann die Punkte-Schlange nicht erfolgreich sein. Die Punkte-Schlange zielt auf die Veränderung eines ganz bestimmten, von Ihnen festgelegten Verhaltens ab. Erwarten Sie nicht, dass sich mit der Punkte-Schlange gleich auch andere Probleme „automatisch" erledigen.

6. Tauschen Sie die Punkte in Sonderbelohnungen ein.
Lassen Sie Ihr Kind entscheiden, gegen welche Sonderbelohnungen es seine verdienten Punkte eintauschen möchte. Es hat entweder die Möglichkeit, eine geringere Punktzahl in eine kleine Belohnung umzutauschen, oder die Möglichkeit, auf eine größere Belohnung zu „sparen". Wenn Sie Ihrem Kind eine Sonderbelohnung gegeben haben, können Sie die dafür eingetauschten Punkte auf der Punkte-Schlange abhaken oder mit einem besonderen, eindeutigen Zeichen versehen. Achten Sie darauf, Ihrem Kind die Sonderbelohnung auf jeden Fall zu geben, wenn es die Punkte dafür erreicht hat. Die Punkte-Schlange ist eine gegenseitige Abmachung. Ihr Kind muss sich auf die getroffenen Vereinbarungen verlassen können, damit die Punkte-Schlange wirken kann. Natürlich kann es vorkommen, dass Sie eine Sonderbelohnung nicht unmittelbar einlösen können, z. B. nicht Eis essen gehen können, weil Sie an diesem Nachmittag keine Zeit haben. In einem solchen Fall sollten Sie jedoch unbedingt mit Ihrem Kind den Zeitpunkt vereinbaren, an dem es die Sonderbelohnung erhalten kann – je früher, desto besser (mindestens innerhalb der nächsten Woche).

? Wann haben Sie die Gelegenheit, die Sonderbelohnung einzulösen?

7. Keine zu hohen Erwartungen!
Erwarten Sie nicht, dass Ihr Kind sich von Anfang an vollkommen unproblematisch verhalten und alle Punkte erreichen wird. Die meisten Kinder schaffen es erfahrungsgemäß in der ersten Woche, etwa die Hälfte aller möglichen Punkte zu bekommen. Das ist schon ein sehr großer Fortschritt! Sollte Ihr Kind innerhalb der ersten drei Tage keinen einzigen Punkt verdienen, wurde zumeist ein Fehler bei der Entwicklung der Punkte-Schlange gemacht und sie sollte angepasst werden. Häufige Fehlerquellen sind, dass die Sonderbelohnungen nicht wirklich attraktiv sind oder dass die für einen Punkt vereinbarte Verhaltensänderung noch zu schwer ist. In der Regel wird die Punkte-Schlange nicht mehr erfolgreich werden, wenn sie nicht in den ersten Tagen schon Erfolge gezeigt hat. Brechen Sie in einem solchen Fall die Punkte-Schlange erst einmal wieder ab und verändern Sie sie, bevor Sie einen neuen Versuch starten.

Folgende Überlegungen können Ihnen bei der Überarbeitung Ihrer Punkte-Schlange helfen:
- Ist das festgelegte Verhalten noch zu schwierig? Falls Sie diesen Eindruck haben, versuchen Sie, mit einem leichteren Problem zu starten oder komplexere Verhaltensweisen in einzelne Schritte zu unterteilen. Sie könnten z. B. einen Punkt geben, wenn Ihr Kind abends ins Badezimmer geht, einen weiteren Punkt, wenn es mit Ihrer Hilfe mit dem Zähneputzen beginnt, und einen dritten Punkt, wenn es mit Ihrer Hilfe die Zähne für eine festgelegte Zeit gründlich putzt, statt einen Punkt für das gesamte Fertigmachen abends zu geben. Wie kleinschrittig Sie bei der Definition der Verhaltensregeln vorgehen, hängt davon ab, wie schwierig das erwünschte Verhalten für Ihr Kind ist.
- Sind die erwünschten Verhaltensweisen klar definiert? Achten Sie darauf, Probleme auf der Verhaltensebene zu formulieren – was genau soll Ihr Kind tun? Schreiben Sie beispielsweise nicht „benimmt sich gut beim Essen“ oder „hält sich an Aufforderungen“ (beide Formulierungen sind zu allgemein), sondern „bleibt beim Essen an ihrem/seinem Platz sitzen“ (1 Punkt) und „verteilt ihr/sein Essen nicht auf dem Tisch“ (1 weiterer Punkt) – so weiß Ihr Kind genau, was von ihm erwartet wird.
- Sind die Sonderbelohnungen attraktiv genug? Überlegen Sie ansonsten gemeinsam mit Ihrem Kind, welche Belohnungen attraktiver sein könnten, und überarbeiten Sie die Liste mit den Sonderbelohnungen.
- Gibt es Belohnungen mit unterschiedlichem Belohnungswert, d. h. größere und kleinere Belohnungen? Manchmal wünschen sich Kinder nur eine bestimmte, etwas größere Belohnung, auf die sie hinarbeiten möchten. Achten Sie dennoch darauf, dass auch kleinere und mittlere Belohnungen in Ihrer Liste mit den Sonderbelohnungen auftauchen, die Ihr Kind schon früher erreichen könnte. Es kann frustrierend sein, wenn Ihr Kind sich gut an vereinbarte Regeln hält, die Sonderbelohnung jedoch weit entfernt ist. Auf der anderen Seite kann es Ihr Kind motivieren, wenn es weiß, dass es seine verdienten Punkte schon gegen bestimmte Belohnungen eintauschen könnte.
- Gelingt es Ihnen, sich an die Regeln der Punkte-Schlange zu halten? Die Punkte-Schlange ist eine gegenseitige Vereinbarung zwischen Ihnen und Ihrem Kind. Sie möchten, dass Ihr Kind sich an bestimmte Verhaltensregeln hält – umgekehrt muss Ihr Kind sich darauf verlassen können, dass auch Sie sich an die getroffenen Vereinbarungen halten. Dazu gehört beispielsweise, dass Sie Ihr Kind an den Plan erinnern und ihm regelmäßig Punkte für sein erwünschtes Verhalten geben, dass es verdiente Sonderbelohnungen zeitnah erhalten kann und dass Sie ihm einmal verdiente Punkte nicht wieder wegnehmen.

Auf der anderen Seite sollten Sie Punkte auch nur für die vereinbarten Verhaltensweisen geben und nicht, wenn Ihr Kind sich an anderer Stelle positiv verhält – auch dies kann dazu führen, dass Unklarheit und Unstimmigkeit darüber herrschen, wie Ihr Kind sich Punkte verdienen kann. Reagieren Sie mit einem Lob oder einer anderen positiven Konsequenz, wenn Sie sich in anderen als den vereinbarten Situationen über das Verhalten Ihres Kindes freuen!

- Denken Sie daran, die Punkte-Schlange regelmäßig durchzuführen und die Punkte sofort zu vergeben, wenn Ihr Kind sich an die vereinbarten Regeln hält!

8. Aller Anfang ist schwer!

Die Punkte-Schlange mag zwar zunächst wie eine recht einfache Maßnahme erscheinen, sie ist aber oft anstrengender als vermutet, da sie sowohl von Ihrem Kind als auch von Ihnen selbst meist eine Umstellung fester Gewohnheiten verlangt. Achten Sie besonders darauf, dass Sie die Punkte-Schlange möglichst genau führen und dass Sie Ihrem Kind den Punkt sofort und an Ort und Stelle geben, wenn es das vereinbarte Verhalten gezeigt hat.

Durchführungsdauer für die Punkte-Schlange

Wenn Ihr Kind in der Regel alle Punkte erhält, die Punkte-Schlange also erfolgreich läuft, können Sie die Anzahl der Punkte reduzieren. Konnte Ihr Kind z.B. bisher 3 Punkte in der Situation „verdienen", reduzieren Sie dies auf einen einzigen Punkt. Jedoch sollten Sie dann auch die Anzahl der für die eventuellen Sonderbelohnungen notwendigen Punkte der neuen Situation anpassen. Führen Sie die Punkte-Schlange dann weiter fort. Überlegen Sie, wie lange das Problemverhalten schon besteht – entsprechend kann auch eine Verhaltensänderung nicht von heute auf morgen erfolgen. Ein Belohnungsplan sollte mindestens zwei bis drei Monate durchgeführt werden, bevor Sie ihn beenden können. Eine Methode, den Belohnungsplan zu beenden, ist, den Plan zunächst versuchsweise auszusetzen, mit dem Kind aber abzusprechen, dass Sie in zwei Wochen etwas Schönes unternehmen, wenn es weiterhin so gut läuft. Einige Belohnungspläne „schlafen" auch von alleine ein (Eltern und Kind „vergessen", die Punkte aufzuschreiben oder in Belohnungen umzutauschen) und das Verhalten bleibt weiterhin stabil positiv. Dies wäre ein guter Verlauf. Achten Sie darauf, auf jeden Fall von Zeit zu Zeit mit Ihrem Kind etwas Schönes zu machen, wenn die Dinge gut laufen, und ihm weiterhin viele positive Rückmeldungen zu geben!

? Können Sie die Punkte-Schlange über viele Wochen durchführen?

? Denken Sie weiterhin daran, Ihrem Kind viele positive Rückmeldungen zu geben?

Teil 2: Der Wettkampf um lachende Gesichter

Jetzt stellen wir Ihnen noch den Wettkampf um lachende Gesichter vor. Während es bei der Punkte-Schlange um die Belohnung von angemessenen Verhaltensweisen ging, verbindet der Wettkampf um lachende Gesichter milde negative Konsequenzen bei Problemverhalten und positive Konsequenzen bei angemessenem Verhalten.

Für den Wettkampf um lachende Gesichter eignen sich vor allem problematische Verhaltensweisen von kurzer Dauer, die einzeln betrachtet möglicherweise nicht besonders belastend sind, jedoch sehr häufig auftreten. Beispiele sind ein häufiges Schlagen oder Ärgern eines Geschwisterkindes oder ständiges Aufstehen während des Mittagessens. Durch das häufige Auftreten können diese Problemverhaltensweisen dann doch sehr nervenaufreibend sein, sodass Sie diese dringend reduzieren möchten.

Die Vorbereitung des Wettkampfes um lachende Gesichter

1. Beschreiben Sie das problematische Verhalten Ihres Kindes, um welches gespielt werden soll, möglichst genau.
Ausgangspunkt ist wieder die Beschreibung des Problemverhaltens. Bei diesem Plan können Sie auch mit einem für Sie sehr schwierigen Problemverhalten beginnen, wenn Sie möchten, da Sie hier die Möglichkeit haben, dem Kind jeweils kleine und kurze negative Konsequenzen zu setzen. Leichter ist es aber auch hier, wenn Sie zunächst mit einem etwas kleineren Problem anfangen. Sie können für die Auswahl des Problemverhaltens auch wieder *Arbeitsblatt 3: Problemliste – Verhaltensprobleme meines Kindes in der Familie* aus Baustein 1 zu Hilfe nehmen. Wählen Sie für diesen „Wettkampf" möglichst ein Problemverhalten aus, das Ihr Kind innerhalb einer bestimmten Situation oder zu einer bestimmten Tageszeit oft zeigt. Beschreiben Sie im nächsten Schritt möglichst genau, welches Problemverhalten das Kind immer wieder zeigt, z. B. „entreißt dem kleinen Bruder Spielzeug" oder „schubst/schlägt die Schwester", „steht beim Essen einfach auf", „gebraucht Schimpfworte", „stört beim Telefonieren". Auch hier ist es manchmal sinnvoll, komplexere Probleme in einzelne Probleme zu unterteilen. Bei dem Problem „stört seine Mutter beim Telefonieren" könnten Sie beispielsweise schreiben: 1. „spricht die Mutter direkt an, während diese telefoniert", 2. „greift nach dem Hörer und bedrängt die Mutter". Es hat sich bewährt, zu Beginn höchstens zwei verschiedene Verhaltensprobleme (z. B. Fluchen und lautes Schreien, Geschwister ärgern), die innerhalb einer Situation im Tagesablauf auftreten, für den Wettkampf um lachende Gesichter auszuwählen. Formulieren Sie das Problem so, dass auch Ihr Kind genau weiß und versteht, was gemeint ist, und nutzen Sie keine ungenauen Beschreibungen. Eine genaue Beschreibung des problematischen Verhaltens ist für den späteren Punkteentzug sehr wichtig.

Tragen Sie die Verhaltensprobleme, die verändert werden sollen, auf dem *Arbeitsblatt 10: Wettkampf um lachende Gesichter (Spielregeln)* ein, z. B. „Schwester schlagen" oder „Aufstehen bei den Mahlzeiten". Sie haben auf dem Arbeitsblatt die Möglichkeit, bis zu sechs Verhaltensprobleme einzutragen – in der Regel ist es aber günstiger, weniger Verhaltensweisen zu notieren, zu Beginn wie geschildert höchstens zwei. Wenn Sie wenige konkret definierte Verhaltensweisen vereinbaren, die Ihr Kind während der Spielzeit nicht zeigen soll, fällt es Ihrem Kind auch leichter, sich an die vereinbarten Regeln zu halten. Wir haben Ihnen einmal beispielhaft mögliche Spielregeln für den Wettkampf um lachende Gesichter aufgeschrieben (siehe Abbildung 15).

Arbeitsblatt 10 | Baustein 7

Wettkampf um lachende Gesichter (Spielregeln)

Bei jedem Spiel wird um 10 Spielmarken gespielt.

Die Mutter oder der Vater malt in eine Spielmarke ein trauriges Gesicht, wenn:	Dauer des Spiels
1. Paul beim Essen aufsteht.	Dauer einer Mahlzeit
2. Paul beim Essen seine Schwester ärgert.	
3.	
4.	
5.	
6.	

In alle Spielmarken, die am Ende übrig bleiben, darf ich lachende Gesichter malen. Sie gehören mir!

Ich darf meine Spielmarken eintauschen:

Anzahl der Punkte	können eingetauscht werden in:
6	1. Eine kleine Süßigkeit
7	2. Ein Sammelbild
7	3. Ein Kartenspiel mit Mama oder Papa spielen
10	4. Eine Extra-Gute-Nacht-Geschichte
15	5. Eine Runde Fußball mit Papa spielen
22	6. Eine Serie mit Mama und Papa gemeinsam ansehen
25	7. Eis essen gehen
30	8. Schwimmen gehen

Abbildung 15:
Wettkampf um lachende Gesichter (Spielregeln) (Arbeitsblatt 10)

2. Wählen Sie den Beginn und das Ende der „Spielzeit".

Schätzen Sie einmal, wie häufig in etwa das problematische Verhalten üblicherweise in der von Ihnen gewählten Situation auftritt. Beim Wettkampf um lachende Gesichter stehen für jede „Spielzeit" zehn Gesichter zur Verfügung. Wählen Sie den Beginn und das Ende der „Spielzeit" so, dass Ihr Kind auch eine gute und realistische Chance hat, lachende Gesichter für sich zu gewinnen. Dies ist der Fall, wenn das Problemverhalten innerhalb der als „Spielzeit" definierten Zeit in der Regel nicht häufiger als zehnmal auftritt. Tritt das problematische Verhalten üblicherweise deutlich seltener auf, ist es möglicherweise sinnvoll, von vornherein um weniger als zehn Gesichter zu spielen. Für die „Spielzeit" sind besonders konkret umschriebene und nicht zu lange Zeitabschnitte geeignet, z.B. eine Mahlzeit oder die Stunde direkt nach der Rückkehr aus dem Kindergarten. Notieren Sie die Dauer der „Spielzeit" auf dem *Arbeitsblatt 10: Wettkampf um lachende Gesichter (Spielregeln)*.

3. Erklären Sie Ihrem Kind die Spielregeln des Wettkampfes um lachende Gesichter.
Besprechen Sie mit Ihrem Kind, dass es Ihnen wichtig ist, einige Probleme zu lösen, durch die es immer wieder zu Konflikten kommt, und dass Sie dazu ein Spiel spielen möchten, nämlich den „Wettkampf um lachende Gesichter". Erläutern Sie Ihrem Kind dann die Spielregeln zum Wettkampf um lachende Gesichter. Während jeder Spielzeit (zumeist einmal täglich) spielen Sie um zehn Gesichter. Diese Gesichter gehören zunächst niemandem. Sie als Eltern kennzeichnen immer dann ein Gesicht mit einem Stift für sich, wenn Ihr Kind innerhalb der Spielzeit das vorher vereinbarte problematische Verhalten zeigt. Sie können dazu einen neutralen oder traurigen Mund in die Gesichter zeichnen. Alle Gesichter, die am Ende der Spielzeit noch übrig sind, darf Ihr Kind als lachende Gesichter in seiner Farbe anmalen; oder Sie erledigen das am Ende für Ihr Kind, z.B. falls ihm das Ausmalen noch sehr schwerfällt.

4. Legen Sie gemeinsam mit Ihrem Kind bei zusätzlichem Bedarf eine Wunschliste für Sonderbelohnungen an.
Wenn die unmittelbar gewonnenen Punkte alleine nicht für eine Verhaltensänderung ausreichen, sollten Sie auch hier mit Ihrem Kind eine Wunschliste für Sonderbelohnungen anlegen. Bitte lesen Sie dieses Vorgehen unter *Teil 1: Die Punkte-Schlange* (Seite 136/137) nach, da sich diese beiden Vorgehensweisen entsprechen.

Wunschliste für Sonderbelohnungen:

1.

2.

3.

4.

5.

6.

7.

8.

9.

10.

5. Bestimmen Sie die Anzahl der lachenden Gesichter, die für die Sonderbelohnungen notwendig sind.

Suchen Sie nun, wenn Sie mit Sonderbelohnungen arbeiten, gemeinsam mit Ihrem Kind die Sonderbelohnungen aus, die es später gegen seine gewonnenen Gesichter eintauschen darf. Wie bei der Punkte-Schlange ist es auch hier wieder wichtig, dass sowohl kleinere als auch etwas größere Sonderbelohnungen auf Ihrer Liste stehen. Wählen Sie mindestens vier verschieden große Belohnungen aus. Legen Sie im Anschluss gemeinsam mit Ihrem Kind fest, wie viele lachende Gesichter es für die jeweiligen Belohnungen eintauschen muss. Schreiben Sie die Sonderbelohnungen und die dafür notwendige Punktzahl auf das *Arbeitsblatt 10: Wettkampf um lachende Gesichter (Spielregeln)*.

? Wie viele lachende Gesichter können in welche Belohnung umgetauscht werden?

Die Durchführung des Wettkampfes um lachende Gesichter

1. Befestigen Sie den Spielplan (Arbeitsblatt 11) mit den lachenden Gesichtern an einer gut sichtbaren Stelle in der Wohnung.

Der Spielplan sollte am besten in dem Zimmer aufgehängt werden, in dem die Situation stattfindet, in der der Wettkampf um lachende Gesichter gespielt wird. Häufig eignen sich beispielsweise die Kinderzimmer-, Badezimmer- oder Küchentür. Manchen Kindern ist es unangenehm, wenn auch Besucher den Spielplan für den Wettkampf um lachende Gesichter einsehen können. Entscheiden Sie daher gemeinsam mit Ihrem Kind, an welcher Stelle der Spielplan angebracht werden soll. Wenn Ihr Kind nicht möchte, dass der Spielplan auch für Besucher sichtbar ist, können Sie ihn beispielsweise an der Innenseite einer Schranktür anbringen und diese Tür während der Spielzeit öffnen.

Sie können das *Arbeitsblatt 11: Wettkampf um lachende Gesichter (Spielplan)* als Kopiervorlage nutzen oder im Downloadbereich herunterladen und mehrfach ausdrucken, um den Wettkampf über eine längere Zeit durchführen zu können. Alternativ können Sie natürlich – vielleicht auch gemeinsam mit Ihrem Kind – einen eigenen Spielplan gestalten.

? Wo wollen Sie den Spielplan für den Wettkampf um lachende Gesichter aufhängen?

2. Erinnern Sie Ihr Kind an den Wettkampf.
Erinnern Sie Ihr Kind vor der entsprechenden Situation an den Wettkampf um lachende Gesichter und ermutigen Sie es, sich anzustrengen, um möglichst viele der lachenden Gesichter für sich zu gewinnen.

3. Markieren Sie sich sofort ein Gesicht, wenn Ihr Kind eines der in den Spielregeln festgelegten Verhaltensprobleme zeigt.
Sagen Sie Ihrem Kind, dass jetzt ein Gesicht Ihnen gehört, wann immer Ihr Kind eines der in den Spielregeln vereinbarten Verhaltensprobleme während der „Spielzeit" zeigt. Kennzeichnen Sie dieses Gesicht sofort in Ihrer Farbe bzw. mit einem „traurigen" oder „neutralen" Gesicht (Mundwinkel nach unten oder gerade) auf dem Spielplan. Verwenden Sie dabei einen möglichst neutralen Ton und achten Sie darauf, dies nicht in einer strafenden oder tadelnden Weise zu tun! Machen Sie Ihrem Kind Mut, indem Sie auf die vielen noch nicht verteilten Gesichter verweisen, und ermutigen Sie es, sich weiter anzustrengen.

4. Besprechen Sie am Ende der Spielzeit mit Ihrem Kind das Ergebnis des Wettkampfes um lachende Gesichter.
Wenn die Spielzeit beendet ist, darf Ihr Kind zunächst alle Gesichter, die noch übrig sind, als lachende Gesichter in seiner Farbe markieren, oder Sie markieren diese in der Farbe des Kindes. Zählen Sie dann gemeinsam, wie viele Gesichter Sie bekommen haben und wie viele Ihr Kind bekommen hat. Fragen Sie Ihr Kind, welche Belohnung es für seine Gesichter eintauschen möchte, oder besprechen Sie mit ihm, wann es eine Belohnung eintauschen kann, wenn es weiterhin so gut läuft. Natürlich hat Ihr Kind auch die Möglichkeit, seine Gesichter zu „sparen" und später gegen eine größere Belohnung einzutauschen. Loben Sie Ihr Kind bei dieser Besprechung noch einmal für seine Erfolge! Falls es einmal nicht so gut gelaufen sein sollte, machen Sie Ihrem Kind Mut für den nächsten Wettkampf um lachende Gesichter. Es kann sinnvoll sein, auch Ihren Partner/Ihre Partnerin in die Besprechung einzubeziehen, damit Ihr Kind ihm/ihr anhand des Spielplanes zeigen kann, wie gut es sich an die vereinbarten Regeln halten konnte. Wenn nicht anders möglich, können Sie dieses Gespräch auch zu einem späteren Zeitpunkt führen.

? *Wann haben Sie Gelegenheit, noch einmal über den Wettkampf um lachende Gesichter zu sprechen?*

5. Halten Sie sich streng an die Spielregeln!
Für das Gelingen des Wettkampfes um lachende Gesichter ist es sehr wichtig, dass Sie sich nur dann ein Gesicht markieren, wenn das vereinbarte Problemverhalten innerhalb der festgelegten „Spielzeit" auftritt. Auf keinen Fall sollten Sie ein Gesicht für sich kennzeichnen, wenn Ihr Kind dieses Verhalten außerhalb der Spielzeit zeigt. Auch für neue, nicht vorher festgelegte Verhaltensprobleme, die Ihr Kind während der Spielzeit zeigt, dürfen Sie kein Gesicht für sich ankreuzen. Der Wettkampf um lachende Gesichter ist eine gegenseitige Vereinbarung zwischen Ihnen und Ihrem Kind. Damit der Wettkampf erfolgreich sein kann, muss Ihr Kind sich darauf verlassen können, dass Sie sich an die zuvor besprochenen Abmachungen halten. Ganz wichtig ist auch, dass Ihr Kind versteht, welches Problemverhalten genau Sie meinen, das es

nicht zeigen darf. Wenn es Ihnen nach einigen Tagen oder Wochen sinnvoll erscheint, können Sie den Spielplan natürlich verändern und neue Spielregeln einführen. Falls Sie sich dazu entscheiden, sollten Sie dies jedoch mit Ihrem Kind in Ruhe vorher besprechen und begründen. Tun Sie dies auf keinen Fall während der „Spielzeit", d.h. während der Wettkampf um lachende Gesichter gerade läuft!

6. Tauschen Sie die lachenden Gesichter in Sonderbelohnungen ein.
Wenn Sie mit Sonderbelohnungen arbeiten, kann Ihr Kind sich selbst aussuchen, welche Sonderbelohnungen es für seine gewonnenen lachenden Gesichter erhalten möchte. Hat Ihr Kind eine Sonderbelohnung erhalten, sollten Sie die dafür eingetauschten lachenden Gesichter auf dem Spielplan abhaken bzw. mit einem besonderen Zeichen markieren. Achten Sie darauf, Ihrem Kind die Sonderbelohnung auf jeden Fall zu geben, wenn es genug lachende Gesichter dafür hat. Ihr Kind hat sich große Mühe gegeben und hat sich diese Sonderbelohnung verdient! Natürlich kann es sein, dass Sie eine Sonderbelohnung nicht direkt geben können (z.B. schwimmen gehen). Legen Sie in einem solchen Fall mit Ihrem Kind gemeinsam genau fest, wann es die Sonderbelohnung erhalten kann (möglichst noch in der gleichen Woche).

7. Keine zu hohen Erwartungen!
Erwarten Sie nicht, dass Ihr Kind von Beginn an alle Gesichter gewinnen wird. Nach unserer Erfahrung bekommen die meisten Kinder allerdings in den ersten Wochen fast die Hälfte aller möglichen Gesichter. Das ist schon ein sehr großer Fortschritt! Sollte Ihr Kind innerhalb der ersten drei Tage kein einziges Gesicht für sich gewinnen, wurde in der Regel ein Fehler bei der Entwicklung des Spielplanes gemacht. Dann ist es wichtig, die Spielregeln möglichst schnell anzupassen. Machen Sie sich gemeinsam mit Ihrem Kind Gedanken, weshalb es nur so wenige oder keine Gesichter gewinnt! Ist es zu schwer, die Gesichter zu bekommen? Findet es die Belohnungen nicht attraktiv genug? Oder hat Ihr Kind vielleicht den Eindruck, dieses „Spiel" sei ein reines Bestrafungsinstrument?

8. Aller Anfang ist schwer!
Der Wettkampf um lachende Gesichter mag zwar wie eine recht einfache Maßnahme aussehen, stellt sich aber oft als anstrengender heraus als zunächst vermutet. Denn er verlangt sowohl von Ihrem Kind als auch von Ihnen selbst eine deutliche Veränderung des bisher gewohnten Verhaltens. Denken Sie daran, sich möglichst genau an die Spielregeln zu halten. Markieren Sie sich sofort ein Gesicht, wenn Ihr Kind das vereinbarte Problemverhalten zeigt. Auch, wenn Sie sehr gute Erfolge mit dem Wettkampf um lachende Gesichter erzielen, ist es wichtig, dass Sie ihn einige Wochen gleichbleibend durchführen, damit sich das erwünschte Verhalten Ihres Kindes festigen kann.

Durchführungsdauer für den Wettkampf um lachende Gesichter
Wenn Sie mit dem Wettkampf um lachende Gesichter gute Erfolge verzeichnen und Ihr Kind kaum noch Gesichter „verliert", können Sie auch zu einer Punkte-Schlange (siehe Teil 1 in diesem Baustein) übergehen. Vereinbaren Sie dann beispielsweise mit Ihrem Kind, dass es für die gesamte Zeit einen Punkt bekommen kann, wenn es sich während der Spielzeit gut verhalten hat (d.h., dass das Problemverhalten in dieser Situation nur einmal aufgetreten ist) und eventuell zwei Punkte, wenn es sich „super" verhalten hat (d.h., dass es das Problemverhalten kein einziges Mal gezeigt hat). Wenn Sie den Wettkampf um lachende Gesichter in eine Punkte-Schlange überführen, sollten Sie jedoch auch die Punktzahlen für die Sonderbelohnungen neu festlegen, da Ihr Kind jetzt wesentlich weniger Punkte „verdienen" kann. Der Belohnungsplan sollte mindestens zwei bis drei Monate erfolgreich laufen, bis er abgesetzt werden kann.

? Können Sie den Wettkampf um lachende Gesichter über viele Wochen durchführen?

Beide Belohnungspläne erfordern von Ihnen Kraft und Energie. Daher ist es günstig, wenn Sie einen Belohnungsplan nicht unbedingt in einer sehr unruhigen Phase beginnen. Manchmal kann es aber sein, dass eine unruhige Phase auf die andere folgt, sodass man den Eindruck gewinnt, dass nie der richtige Zeitpunkt für einen Belohnungsplan kommt. In einem solchen Fall sollten Sie vermehrt darauf achten, die Stärken Ihres Kindes zu fördern und seine Energie zu kanalisieren (Baustein 3) und selbst Energie zu tanken (Baustein 4). Wir wünschen Ihnen viel Erfolg mit Ihrem Belohnungsplan! Sollten Sie an einem Tag einmal nicht dazu kommen, die Punkte-Schlange oder den Wettkampf um lachende Gesichter durchzuführen, greifen Sie ihn sobald wie möglich wieder auf. Nach unserer Erfahrung zahlt sich der Aufwand an dieser Stelle sehr aus. Immerhin werden Sie mit weniger Konflikten belohnt!

Arbeitsblatt 8 Baustein 7

Meine Punkte-Schlange (Spielregeln)

Ich erhalte Klebebilder/Punkte, wenn ich es schaffe, folgende Regeln einzuhalten:

Regeln	Anzahl der Punkte
1.	
2.	
3.	
4.	
5.	
6.	
7.	
8.	

Ich darf meine Klebebilder/Punkte eintauschen:

Anzahl der Punkte	können eingetauscht werden in:
	1.
	2.
	3.
	4.
	5.
	6.
	7.
	8.

Arbeitsblatt 9 Baustein 7

Meine Punkte-Schlange

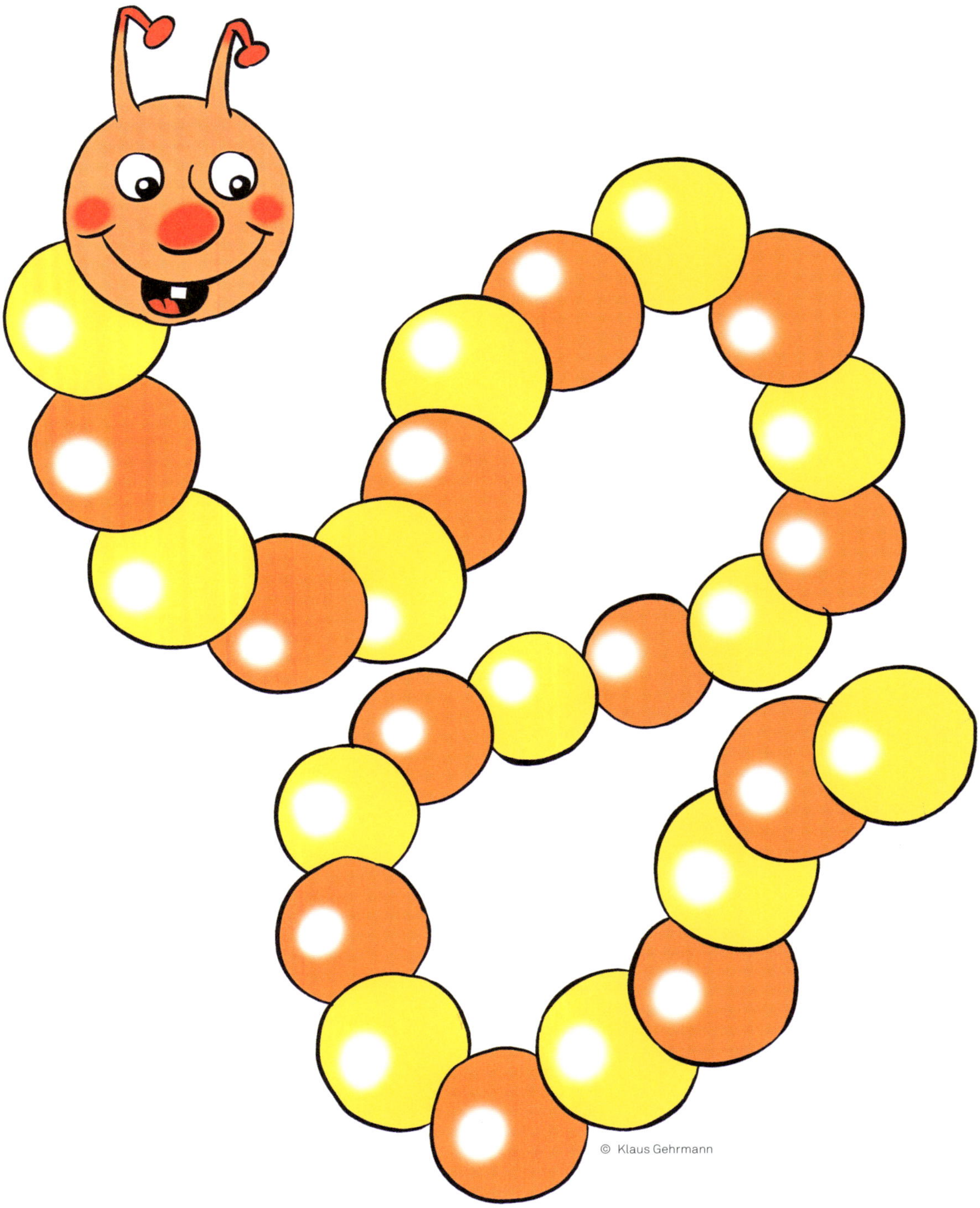

© Klaus Gehrmann

Arbeitsblatt 10 | Baustein 7

Wettkampf um lachende Gesichter (Spielregeln)

Bei jedem Spiel wird um 10 Spielmarken gespielt.

Die Mutter oder der Vater malt in eine Spielmarke ein trauriges Gesicht, wenn:	Dauer des Spiels
1.	
2.	
3.	
4.	
5.	
6.	

In alle Spielmarken, die am Ende übrig bleiben, darf ich lachende Gesichter malen. Sie gehören mir!

Ich darf meine Spielmarken eintauschen:

Anzahl der Punkte	können eingetauscht werden in:
	1.
	2.
	3.
	4.
	5.
	6.
	7.
	8.

Arbeitsblatt 11

Baustein 7

Wettkampf um lachende Gesichter (Spielplan)

Datum des Spielbeginns: Spieler 1: Spielmarke 

Dauer des Spiels: Spieler 2: Spielmarke 

Datum:

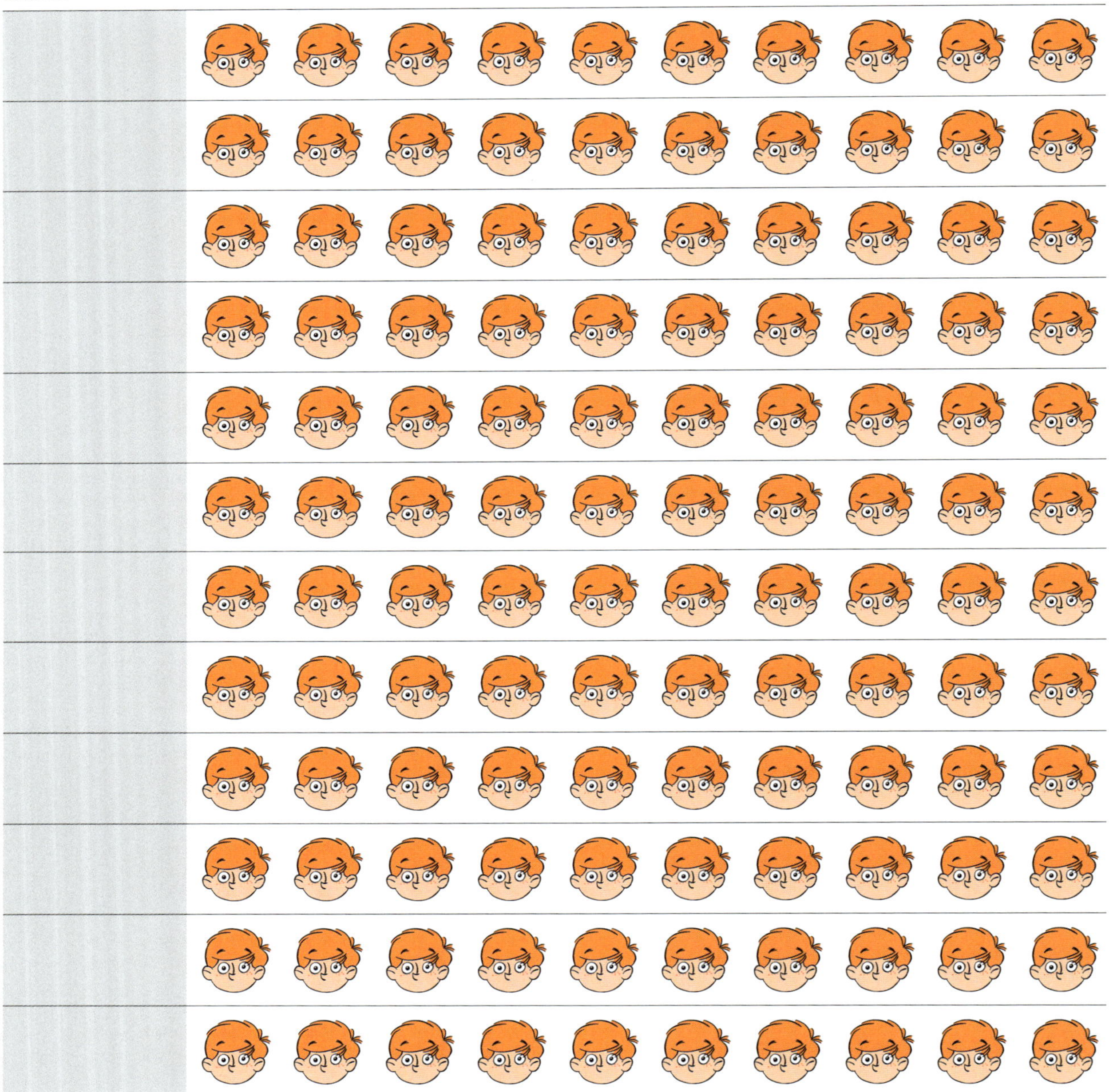

Baustein 8

Intensiv spielen lernen

Materialien zum Baustein 8
Memokarte 6: Unterstützen Sie Ihr Kind beim alltäglichen Spielen
Memokarte 7: Spieltraining
Türschild: Bitte nicht stören! Spieltraining!

→ Sie finden die Materialien am Ende des Bausteins (s. Seite 168) und als PDF-Download (s. Seite 173).

Kennen Sie das?

© Klaus Gehrmann

Obwohl viele Regeln jetzt von Paul schon viel besser eingehalten werden und er vielen Aufforderungen nachkommt, gibt es doch immer wieder Zeiten im Alltag, die einfach sehr unruhig und chaotisch ablaufen. Wenn Pauls Mutter beispielsweise mit dem Kochen beschäftigt ist, gelingt es ihm nur selten, sie nicht ständig zu stören. Einmal kommt er ständig zu ihr und unterbricht sie; ein anderes Mal hört und sieht sie ihn gar nicht, ahnt aber schon, dass er schon wieder irgendetwas anstellt, und wenn sie ihn dann im Badezimmer findet, sieht sie, dass er das Shampoo und das Duschgel in der Badewanne verteilt hat. Der Sohn ihrer Freundin spielt oft schon in Ruhe etwas in der Nähe seiner Mutter, wenn diese beschäftigt ist, und ist dann sogar regelrecht in sein Spiel versunken. Aber Paul findet einfach kein Spiel, das ihn länger als eine Minute begeistern kann, und oft läuft er nur ziellos hin und her und verbreitet Unruhe. Auch sein großer Bruder wird so bei den Hausaufgaben gestört und ist genervt, und Paul ärgert dann auch gerne seine kleine Schwester oder die beiden „drehen zusammen auf" und rennen dabei auch immer wieder in die Küche, wo gefährliche heiße Töpfe stehen. Pauls Mutter weiß sich dann oft kaum noch zu helfen und schreit laut.

Auch wenn Pauls Mutter einmal kurz Zeit hat, um etwas mit Paul zu spielen, fehlen ihr oft die Lust und auch die Ideen. Es ist immer so anstrengend mit Paul, da fällt es ihr sehr schwer, plötzlich „umzuschalten" und frei mit ihm zu spielen. Es ist auch nicht so „ihr Ding", zu spielen. Ein Brettspiel mit festen Regeln geht noch, dabei gerät sie aber wegen der Regeln auch oft mit Paul aneinander. Bei einem ganz freien Spiel kommt sie sich einfach nur kindisch vor und erlebt dies als sehr anstrengend.

? Gibt es bei Ihnen auch Situationen, in denen Sie zu nichts kommen, weil Ihr Kind sich nicht kürzer oder länger alleine beschäftigen kann?

? Fällt es auch Ihnen manchmal schwer, sich auf ein Spiel mit Ihrem Kind einzulassen oder etwas Geeignetes zu finden?

Was wollen wir mit diesem Baustein erreichen?

Liebe Eltern!

Nachdem wir Ihnen nun in den letzten Bausteinen einige Möglichkeiten vermittelt haben, um verschiedene schwierige Situationen mit Ihrem Kind besser bewältigen zu können, möchten wir Ihnen in diesem letzten Baustein noch einige Möglichkeiten vorstellen, das Spiel Ihres Kindes – alleine oder mit Ihnen gemeinsam – positiv zu unterstützen sowie das Spiel als eine gute Gelegenheit zu nutzen, aufmerksames, ausdauerndes und ruhigeres Verhalten gezielt einzuüben. Wenn Ihr Kind lernt, in der Zeit vor der Einschulung intensiv und ausdauernd zu spielen, ist das nicht nur eine Entlastung für Ihren Alltag, sondern auch eine gute Vorbereitung auf das, was in der Schule auf Ihr Kind zukommen wird, nämlich sich ausdauernd mit einer Sache zu beschäftigen.

Wir werden Ihnen im ersten Teil dieses Bausteins zunächst einige Maßnahmen vorstellen, die Sie im Alltag mit Ihrem Kind umsetzen können, um ihm das selbstständige Spielen zu erleichtern und auch Ihr gemeinsames Spiel angenehmer und abwechslungsreicher zu gestalten. Viele der hier angeregten Punkte sind Ihnen in ähnlicher oder etwas anderer Form schon einmal in Baustein 3 „Sich wieder mögen lernen" begegnet. Natürlich ist das gemeinsame Spiel auch eine wichtige Methode, um mehr positive Zeit mit Ihrem Kind zu verbringen. Der Schwerpunkt in diesem Baustein liegt aber darauf, die Fähigkeit zum Spiel bei Ihrem Kind zu fördern und Ihnen zudem hilfreiche Anregungen für das gemeinsame Spiel mit Ihrem Kind zu geben. Im Anschluss daran wollen wir Ihnen im zweiten Teil dieses Bausteins als intensivere Maßnahme ein sogenanntes „Spieltraining" vorstellen, in dem Ihr Kind spielend lernen soll, intensiv und ausdauernd zu spielen. Normalerweise lernen Kinder dies praktisch von selbst, ohne dass Eltern gezielt etwas unternehmen. Kinder mit ADHS-Problemen haben aber oft Schwierigkeiten, von selbst in ein intensives und ausdauerndes Spiel zu finden. Deshalb wollen wir Ihnen einige Tricks und Techniken vorstellen, mit denen Sie Ihr Kind spielerisch „coachen" können. Dieses Spieltraining sollten Sie möglichst in einer Phase einführen, in der Sie ein wenig Ruhe finden können, und nicht mitten in einer Zeit voller Trubel. Wenn Sie die Techniken aber einmal kennengelernt und erprobt haben, können Sie das Spieltraining auch zwischendurch immer wieder einmal durchführen.

? Können Sie sich vorstellen, Ihr Kind bei einem intensiveren Spiel zu unterstützen?

? Können Sie sich für Sie und Ihr Kind auch ein Spieltraining vorstellen?

Das kann Ihnen helfen!

Teil 1: Unterstützen Sie Ihr Kind beim alltäglichen Spielen

Sie können es Ihrem Kind durch die folgenden Maßnahmen erleichtern, in ein Spiel hineinzufinden oder sich alleine zu beschäftigen. Auch im gemeinsamen Spiel mit Ihrem Kind können Sie verschiedene Dinge beachten, die dazu führen, dass das gemeinsame Spiel für beide angenehm verläuft und auch tatsächlich im Trubel des Alltags umsetzbar ist. Folgende Punkte können hierbei hilfreich sein:

1. Organisieren Sie das Spielzeug Ihres Kindes sinnvoll und wählen Sie günstige Spiele aus: „Weniger ist mehr!"

Für Kinder im Vorschulalter, wie auch für größere Kinder, ist es günstig, wenn sie einen guten Überblick über ihre eigenen Spielsachen haben und diese auch selbstständig herausnehmen und wegräumen können. Bewährt haben sich hierbei Kisten bzw. Plastikbehälter, die für Ihr Kind erreichbar sind und in denen sich jeweils nur eine Art von Spielmaterial befindet, z.B. nur die Duplo-Polizeistation, nur Teile der Holzeisenbahn oder nur Autos. Es ist dabei bei unaufmerksamen, impulsiven und unruhigen Kindern im Vorschulalter sinnvoll, jeweils nicht zu viele Teile in eine Kiste zu legen, sodass diese nicht „überquillt". Ebenso ist es günstig, wenn jeweils nicht zu viele Kisten auf einmal in dem für das Kind erreichbaren Bereich stehen und das Kind so von zu viel Auswahl „überflutet" wird. Entfernen Sie deshalb aus dem Kinderzimmer z.B. all jene Spielmaterialien, mit denen Ihr Kind die letzten vier Wochen nicht mehr gespielt hat. Wenn auch dann noch viele Spiele im Kinderzimmer sind, entfernen Sie weitere Spiele. Besprechen Sie mit Ihrem Kind, dass Sie ihm die Spiele nicht wegnehmen, sondern sie aufheben, und dass es jede Woche ein Spiel gegen ein anderes austauschen kann. Damit werden die Spiele für Ihr Kind auch attraktiver.

Bei der Auswahl der Spielmaterialien, die Ihrem Kind zur Verfügung stehen, ist es sinnvoll, auch einige Spielzeuge/Spielmaterialien dabeizuhaben, die ein freies Spiel Ihres Kindes anregen, wie z.B. Material zum „Einkaufen spielen" (z.B. mit echten Kleinigkeiten, wie leeren Proben von Shampoos oder Marmelade, die zum Rollenspiel anregen), Autos und einen Autoteppich, eine Kinderküche mit Töpfen und Geschirr usw.

? *Wie könnten Sie das Spielzeug Ihres Kindes sinnvoll organisieren?*

? *Welche Spielmaterialien halten Sie für günstig?*

2. Richten Sie klare Spielorte für Ihr Kind ein, aber bleiben Sie dabei flexibel.
Bei Kindern mit Aufmerksamkeitsschwäche, Unruhe und Impulsivität kann es leicht geschehen, dass diese ihr Spielzeug „über die ganze Wohnung verteilen" und zuletzt weder Ihr Kind noch Sie selbst ein bestimmtes Spielzeug wiederfinden oder gut aufräumen können. Oft ist nicht klar definiert, wo ein Kind spielen soll und darf, und es nutzt dann möglicherweise fast den gesamten Wohnraum. Diese fehlende Zuordnung zu festen Plätzen erschwert es dem Kind auch, in feste Spielabläufe hineinzufinden. Eine feste Spielecke im Koch- bzw. Wohnbereich ist dabei durchaus (zusätzlich zum eigentlichen Kinder- oder Spielzimmer) sinnvoll, da Sie Ihr Kind hier im Auge behalten können, auch während Sie selbst z. B. in der Küche beschäftigt sind. Dies erleichtert Ihnen auch, sich kurz (auch von weiter weg) selbst in das Spiel des Kindes einzubringen bzw. zumindest mit Worten „mitzuspielen" (siehe auch Punkt 4).

? An welchen Orten und Stellen in Ihrer Wohnung kann Ihr Kind gut spielen?

3. Helfen Sie Ihrem Kind, ein Spiel zu beginnen.
Unaufmerksamen, impulsiven und unruhigen Kindern im Vorschulalter fällt es schwer, ein Spiel zu beginnen und sich dann mit einem Spielmaterial etwas länger zu beschäftigen oder sich sogar in ein Spiel zu vertiefen. Hier kann es Ihrem Kind sehr helfen, wenn Sie es auf eine gute Spielidee bringen und dann auch den ersten Impuls zu diesem Spiel geben. So können Sie beispielsweise Ihrem Kind, das gerade ziellos im Wohnzimmer umherläuft, sagen: „Komm, du kannst doch mal spielen, dass die zwei Duplo-Kinder in den Zoo gehen und bei der Fütterung der Tiere zuschauen!" Dann gehen Sie mit Ihrem Kind gemeinsam zu dem Plastikbehälter, in dem sich die Teile des Duplo-Zoos befinden, und stellen ihn auf den Fußboden in der Spielecke im Wohnzimmer, die Sie von der Küche aus sehen können. Bei manchen Kindern ist es gut, die Anleitung zum Aufbau (die man dann auch am besten immer in dem Behälter aufbewahrt) auf der ersten Seite aufzuschlagen und zu sagen: „Schau mal! Mit diesem roten Teil beginnt man. Findest du das in der Kiste?" Bei manchen Kindern reicht es auch, einfach ein paar Steine bereits auf der Bauplatte aufzubauen und dann zu sagen: „Guck mal! Das ist schon der Anfang für das erste Gehege. Bau du das mal weiter. Nach den Elefanten kommen dann vielleicht die Tiger dran. Was für ein Gehege können die denn haben?" Dann können Sie zu Ihrer eigenen Tätigkeit gehen und zwischendurch nach dem Fortschritt bei Ihrem Kind schauen oder auch Kommentare zum Spiel aus der Küche machen, wie etwa: „Um wie viel Uhr ist denn gleich die Fütterung der Tiere? Bekommen alle Tiere ihr Fressen gleichzeitig, oder geht der Pfleger zu bestimmten Tieren zuerst?" Falls Ihr Kind große Schwierigkeiten hat, sich auch für kurze Zeit alleine zu beschäftigen, könnte ein Spieltraining sinnvoll sein, das wir Ihnen im zweiten Teil dieses Bausteins noch vorstellen werden.

? *Haben Sie Spielideen, die Sie Ihrem Kind das nächste Mal nennen können, wenn es nichts mit sich anzufangen weiß? Wie könnten Sie den Beginn dieses Spiels gestalten?*

4. Zeigen Sie Interesse am Spiel Ihres Kindes oder steigen Sie kurz in das Spiel mit ein.
Wenn Ihr Kind mit einem Spiel begonnen hat oder sich einfach so mit einem Spiel in Ihrer Nähe aufhält, während Sie beschäftigt sind, können Sie Ihrem Kind auf verschiedene Weise zeigen, dass Sie sich für sein Spiel interessieren, und somit die Wahrscheinlichkeit erhöhen, dass es sich weiterbeschäftigt und dass es auch beim nächsten Mal wieder (zumindest für kurze Zeit) klappt. Wenn es beispielsweise mit Kaufladen-Sachen beschäftigt ist, können Sie Fragen dazu stellen: „Hast du heute irgendein Gebäck oder Brötchen im Sonderangebot?" oder „Welchen Kuchen würden Sie mir empfehlen für den Geburtstag meiner Tochter? Welche Zutaten kommen in diesen Kuchen?" usw. Sie können auch mit einem Kommentar wie z. B. (beim Zoo) „Dieses Gehege ist aber modern und schön geworden!" oder (bei der Kinderküche) „Der Kaffee duftet aber wirklich gut!" zeigen, dass Sie wirklich mitbekommen, mit was sich Ihr Kind gerade beschäftigt, und dies auch würdigen. Manchmal eignet sich auch Ihre eigene Tätigkeit, um diese kurz mit dem Spiel des Kindes zu verbinden. Sie können Ihrem Kind etwa während des Kochens Kleinigkeiten (z. B. Apfel- oder Gurkenschalen) anreichen, die es dann selbst in seine „Suppe" tun kann, oder Sie können Ihrem Kind aus einem Stück Küchenrolle schnell 4 kleine „Servietten" schneiden, die es dann auf seinem Kindertisch dekorieren kann, während Sie selbst den großen Tisch decken. Sie nutzen hierbei den natürlichen Impuls Ihres Kindes, die Handlungen der Erwachsenen zu imitieren, und Sie beide haben so vielleicht mehr Spaß an alltäglichen Abläufen. Oft reicht es auch, sich nur mit Worten in das Spiel des Kindes einzubringen, indem man eben Fragen stellt oder tatsächlich eine Rolle annimmt.

? *Können Sie sich vorstellen, während Alltagstätigkeiten in Spielaktivitäten Ihres Kindes einzusteigen?*

? *Wie können Sie Ihrem Kind Ihr Interesse zeigen?*

5. Achten Sie auch beim Spiel besonders darauf, Ihr Kind häufig zu ermutigen und zu bestärken.
Wenn Ihr Kind spielt, bieten sich viele günstige Gelegenheiten, Ihr Kind möglichst oft positiv anzusprechen und dadurch insgesamt eine positive Atmosphäre zu schaffen. Bestärkungen und Ermutigungen während des Spiels haben dabei eine Reihe günstiger Effekte:

1. Ihr Kind empfindet deutlicher Freude und Stolz beim Spiel und hat auch beim nächsten Mal wieder Lust dazu.
2. Der Selbstwert Ihres Kindes wird gestärkt.
3. Die Ermutigung trägt dazu bei, dass Ihr Kind sich bei der eigenen Problemlösung mehr zutraut; es wird selbstständiger.
4. Das gegenwärtige Spiel wird vermutlich länger andauern.
5. Sie vermeiden damit, dass Ihr Kind die ungünstige Erfahrung macht, dass es vor allem durch Unruhe und Stören Ihre Aufmerksamkeit erreichen kann.

Wie schon in Baustein 3 erläutert, ist es also günstig, Ihrem Kind viel direkte Ansprache, Bestätigung und Verstärkung zukommen zu lassen. Sie hören Anliegen Ihres Kindes kurz zu und gehen zumindest kurz darauf ein. Wenn Sie beobachten, dass Ihr Kind etwas geschickt gemacht oder geschafft hat, dann können Sie ihm durch eine kurze Bemerkung wie „Das kannst du gut!“ oder „Du hast gut aufgepasst!“ eine wichtige Bestätigung geben, dass es etwas gut macht. Ermutigen Sie zudem Ihr Kind so viel wie möglich. Sie stärken damit allgemein seine Zuversicht, Dinge schaffen und Schwierigkeiten bewältigen zu können, und Sie unterstützen damit, dass Ihr Kind spielend lernt, ausdauernd zu sein.

? *Wie schaffen Sie es, Ihr Kind zu ermutigen?*

6. Regen Sie Ihr Kind an, beim Spiel auftretende Probleme selbst zu lösen.
Versuchen Sie, nichts für Ihr Kind zu erledigen, was das Kind auch selbst tun kann, wenn beim Spiel irgendwelche Schwierigkeiten auftreten (z.B. Ihr Kind findet einen Duplo-Stein nicht spontan oder es gelingt ihm nicht direkt, mit dem Kran der Holzeisenbahn ein Stück „Ladung“ zu bewegen). Als Hilfe zur selbstständigen Problemlösung genügt es häufig, das Kind auf das Problem aufmerksam zu machen: „Da stimmt

doch irgendetwas nicht, schau nochmal genau hin!", mit ihm verschiedene Lösungsmöglichkeiten zu überlegen: „Was könntest du sonst noch machen?" oder es zu ermutigen, etwas auszuprobieren: „Vielleicht fasst du mal ein bisschen weiter unten an!" Viele Dinge kann Ihr Kind schon alleine schaffen und kann dann stolz sein, diese bewältigt zu haben. Sie steigern so spielerisch die Zuversicht und Selbstständigkeit Ihres Kindes.

? Wie könnten Sie Ihr Kind zur eigenen Lösung von kleinen Problemen anregen? Was könnte Ihr Kind einmal alleine versuchen, zu tun?

Nehmen Sie nun *Memokarte 6: Unterstützen Sie Ihr Kind beim alltäglichen Spielen* zur Hand, tragen Sie darin die für Sie wichtigsten Punkte ein und protokollieren Sie auf der zweiten Seite Ihre Erfahrungen (siehe Abbildung 16)!

Teil 2: Das Spieltraining

Wie im einführenden Beispiel beschrieben, haben viele unruhige und unaufmerksame Vorschulkinder Schwierigkeiten, intensiv und ausdauernd zu spielen. Sie wechseln in kurzer Zeit die Spielmaterialien, sie haben kaum Ausdauer beim Spiel, sie entwickeln ständig neue Spielideen, bringen aber kaum ein Spiel zu Ende. Sie können nur selten alleine spielen und langweilen sich schnell. Ein intensives und ausdauerndes Spiel ist jedoch eine wichtige Voraussetzung für die weitere Entwicklung Ihres Kindes. Das Kind lernt im Spiel viele soziale Fähigkeiten (z. B. im Rollenspiel), es erprobt neue Handlungsmöglichkeiten, es wird ein interessanterer Spielpartner, verbessert vielfältige Fertigkeiten und erwirbt auch die Voraussetzungen für ein ausdauerndes und konzentriertes Arbeiten. Damit Ihr Kind lernt, ausdauernd und intensiv zu spielen, können Sie Ihr Kind mit einem sogenannten Spieltraining unterstützen.

Falls Sie bereits die Spaß- und Spielzeit (siehe Baustein 3) durchgeführt haben, werden Sie feststellen, dass mit dem Spieltraining, das wir Ihnen jetzt vorstellen möchten, andere Ziele verfolgt werden und dass daher auch völlig andere Regeln gelten. Die Spaß- und Spielzeit zielt darauf ab, dass Sie gemeinsam mit Ihrem Kind vermehrt angenehme und konfliktfreie Zeit verbringen und damit die positive Beziehung zu Ihrem Kind stärken. Dabei bestimmt Ihr Kind weitgehend, was und wie gespielt wird.

Im Spieltraining soll Ihr Kind lernen, intensiver und ausdauernder zu spielen, und Sie bestimmen und beeinflussen wesentlich stärker, was und wie gespielt wird. Wenn Sie eine Spaß- und Spielzeit bis jetzt durchgeführt haben, dann sollten Sie darauf achten, dass Ihr Kind beide besonderen Spielformen unterscheidet. Aber auch das Spieltraining soll Spaß machen, und wenn es gut läuft, merkt Ihr Kind gar nicht, dass es etwas übt, sondern nur, dass Sie gemeinsam spielen. Beim Spieltraining sollten Sie folgende Grundregeln beachten:

Memokarte 6 (Seite 1) Baustein 8

Unterstützen Sie Ihr Kind beim alltäglichen Spielen

1. Organisieren Sie das Spielzeug Ihres Kindes sinnvoll und wählen Sie günstige Spiele aus: „Weniger ist mehr!“
   Wie können Sie das Spielzeug sinnvoll organisieren? Welche Spielmaterialien halten Sie für günstig?
   Begrenzte Auswahl von Spielmaterialien aus verschiedenen Bereichen (Spielküche, Puzzles, Regelspiele, Bauklötze, Duplo...); klar definierte Orte für die Materialien, zum Teil Kennzeichnung durch Bildchen
2. Richten Sie klare Spielorte für Ihr Kind ein, aber bleiben Sie dabei flexibel.
   Welche Orte eignen sich als Spielort für Ihr Kind?
   Feste Spielorte im Kinderzimmer und im Wohnzimmer; wenn ich in der Küche etwas mache, kann Paul auch dort etwas machen, z. B. am Küchentisch
3. Helfen Sie Ihrem Kind, ein Spiel zu beginnen.
   Wie können Sie dies tun?
   Gemeinsam mit einem Puzzle oder dem Duplo-Bauen beginnen; gemeinsam mit dem Basteln oder Malen beginnen; dann in regelmäßigen Abständen Interesse zeigen
4. Zeigen Sie Interesse am Spiel Ihres Kindes oder steigen Sie kurz in das Spiel ein.
   Wie können Sie Ihrem Kind Interesse zeigen?
   Regelmäßig auf Paul zugehen, mir zeigen lassen was er macht; kurz mit dem Duplo, mit der Kinderküche o. Ä. mitspielen
5. Achten Sie auch beim Spiel besonders darauf, Ihr Kind häufig zu ermutigen und zu bestärken.
   Wie schaffen Sie es, Ihr Kind zu ermutigen?
   Regelmäßig rückmelden, dass ich mich freue, wie schön er etwas spielt
6. Regen Sie Ihr Kind an, beim Spiel auftretende Probleme selbst zu lösen.
   Wie können Sie dies tun?
   Nicht direkt eingreifen, wenn Paul etwas nicht sofort schafft, sondern ggf. kleine Hilfestellungen geben, z. B., wenn er ein Puzzleteil nicht direkt findet

Memokarte 6 (Seite 2) Baustein 8

Unterstützen Sie Ihr Kind beim alltäglichen Spielen (Protokoll)

Datum	Wann ist es Ihnen heute gelungen, Ihr Kind beim selbstständigen oder gemeinsamen Spiel zu unterstützen?	Wie ist Ihnen dies gelungen? Was haben Sie gemacht?
02.06.	*Nachmittags, während ich die Wäsche gemacht habe*	*Ich habe zunächst mit Paul begonnen, ein Bild zu malen, und habe dann in kurzen Abständen nach ihm gesehen, mir sein Bild zeigen lassen und ihn unterstützt.*
03.06.	*Nach der Rückkehr aus dem Kindergarten*	*Paul hat zunächst zwischen verschiedenen Spielen gewechselt und hat seine Spielsachen in der gesamten Wohnung verteilt; ich habe die Sachen mit ihm eingesammelt, ihn an unsere Spielorte erinnert und in seinem Zimmer mit ihm ein Puzzle begonnen.*
05.06.	*Nachmittags*	*Habe bewusst darauf geachtet, Interesse an seinem Spiel zu zeigen und ihn für sein selbständiges Spiel gelobt.*

Abbildung 16:
Unterstützen Sie Ihr Kind beim alltäglichen Spielen (Memokarte 6)

1. Überlegen Sie, welche Spiele für das Spieltraining geeignet sind.

Wählen Sie für dieses gezielte Training Spiele und Beschäftigungen aus, bei denen Ihr Kind Probleme hat, sie intensiv und ausdauernd durchzuführen, die ihm aber dennoch zumindest für kurze Zeit Spaß machen. Sie können sehr verschiedene Spiele auswählen, bei denen Ihr Kind ganz unterschiedliche Fähigkeiten einsetzen muss. Für den Beginn sind freie Spiele oft gut geeignet, bei denen Sie und Ihr Kind eine Rolle übernehmen oder eine Figur oder Puppe spielen müssen: z. B. Restaurant oder Café mit der Kinderküche und dem Kindertisch (als Speiseraum), Einkaufen (hierbei reichen auch wenige Spielmaterialien, wie eine Kasse und ein Einkaufskorb sowie z. B. Spielzeugfrüchte oder -gemüse oder andere Produkte), Arztpraxis oder Krankenhaus (hierzu reicht oft ein Arztkoffer) oder auch Autos und Autoteppich, mit denen man z. B. ein Autorennen oder einen Stau spielen kann. Nach und nach sollten dann auch Konstruktionsspiele (Bauklötze, Duplo, Holzeisenbahn), Brettspiele (z. B. Obstgarten, Lotti Karotti oder andere Farbwürfelspiele) sowie auch ein Puzzle oder das Ausmalen eines Mandalas als Spielmaterialien dabei sein.

? Bei welchen Spielen fällt es Ihrem Kind schwer, intensiv und ausdauernd zu spielen (die ihm vielleicht dennoch Spaß machen)?

2. Am Spieltraining dürfen zunächst keine anderen Kinder teilnehmen.
Am besten ist es, wenn Sie das Spieltraining im Kinderzimmer durchführen. Wenn Sie noch andere Kinder haben, sollten diese währenddessen von einer anderen Person betreut werden oder nicht zu Hause sein. Falls dies nicht möglich ist, sollten Sie das Spieltraining durchführen, wenn Störungen durch andere Kinder zumindest unwahrscheinlich sind. Älteren Geschwistern sollte erklärt werden, warum sie am Spieltraining nicht teilnehmen können. Bei jüngeren Geschwistern eignet sich häufig die Mittagsruhe des Kleinkindes zur Durchführung dieser Spielzeit. Später können Sie möglicherweise auch Geschwister in das Spieltraining einbeziehen.

3. Wählen Sie einen Zeitpunkt aus, an dem das Spieltraining stattfindet.
Ein Spieltraining sollte mindestens 30 Minuten dauern. Nach Möglichkeit sollte es mindestens ein- bis dreimal pro Woche durchgeführt werden. Diese Zeit sollten Sie fest einplanen. Sie können auch noch einmal *Arbeitsblatt 6: Mein Wochenplan – wie er sein soll* aus Baustein 4 zur Hand nehmen und dort eintragen, wann Sie das Spieltraining durchführen möchten.

Wenn das Spieltraining beginnt, können Sie das entsprechende Schild aufhängen, das Sie am Ende dieses Bausteins finden. Wenn Sie bereits das Türschild zur Spaß- und Spielzeit aus Baustein 3 verwenden, können Sie Ihr Kind auf diese Weise auch darin unterstützen, die beiden Spielformen zu unterscheiden.

? Wann könnte bei Ihnen ein Spieltraining stattfinden?

4. Machen Sie gemeinsam mit Ihrem Kind einen interessanten Plan, was und wie gespielt wird, und zeichnen Sie die Spielschritte auf ein Blatt.

Zu Beginn des Spieltrainings können Sie Ihrem Kind Lust auf das Spiel machen und gute Ideen für eine richtige „Geschichte" entwickeln, indem Sie gemeinsam einen Spielplan aufstellen. Dies mag Ihnen künstlich oder umständlich erscheinen. Wir haben jedoch die Erfahrung gemacht, dass Kinder mit unaufmerksamem, impulsivem und unruhigem Verhalten weniger als andere Kinder ihr Spiel im Voraus planen. Auf diese Weise verfolgen sie auch im Anschluss keine Abfolge oder innere Geschichte im Spiel und das Spiel wird schneller abgebrochen. Daher hat es sich als sehr hilfreich erwiesen, einen solchen Spielplan zu erstellen. Dies ist besonders wichtig bei relativ freien Spielen, bei denen vom Spiel keine festen Regeln vorgegeben werden.

Zeichnen Sie dazu, wie in unserem Beispiel in Abbildung 17, zuerst Kästen auf das Blatt, wie bei einem Comic. Sie dürfen zu Beginn noch die erste Idee geben, wie: „Wir könnten doch mit der Küche und den Einkaufssachen spielen, dass wir einen Kindergeburtstag feiern. Wir können dafür einkaufen und kochen. Was meinst du? Womit sollen wir anfangen? Wer wärst du? Wen soll ich spielen?" Wenn Ihr Kind selbst nun eine Idee hat, wie es losgeht, dann zeichnen Sie diese mit einfachen Strichmännchen und ggf. Symbolen auf, z. B. „zuerst gehen wir zum Geschäft" im ersten Kasten auf dem Blatt. „Wie geht es dann weiter?" oder „Was genau müssen wir denn einkaufen?" Die Antwort darauf führt Sie zur nächsten Zeichnung in dem nächsten Kasten. Wenn Sie einen guten Einfall haben, wie die Geschichte noch interessanter werden

Abbildung 17:
Beispiel für einen Spielplan

könnte, können Sie diesen Ihrem Kind vorschlagen und ebenfalls in die Zeichnungen aufnehmen. Zeichnen Sie für den Anfang etwa vier Kästen, in späteren Übungsstunden aber auch mehr Kästen, da so ja Ihre Geschichte länger wird. Nehmen Sie auch gerne eine Zeichnung im letzten Kasten auf, auf der das Aufräumen am Ende abgebildet ist, sodass dies auch in das Spiel integriert wird. Schließlich nehmen Sie den Plan mit dorthin, wo Sie mit dem Spiel beginnen bzw. alle Dinge für das Spiel zusammensuchen müssen. So können Sie Ihr Kind immer wieder auf den Plan schauen lassen, falls das Spiel ins Stocken kommt oder Ihr Kind abgelenkt ist. Sie können Ihr Kind fragen: „Was wollten wir gerade tun? Schau mal auf den Plan!" Sie regen so ein Weiterverfolgen der gesamten Geschichte, die Sie spielen wollen, bei Ihrem Kind an. Zu Beginn des Trainings reicht es, wenn eine solche gespielte Situation in etwa 5 bis 10 Minuten durchgespielt werden kann. Später eignen sich dann auch komplexere Geschichten mit mehr Handlung und „Kästen", die auch gerne beim Durchspielen eine halbe Stunde dauern können.

Alternativ zu den hier dargestellten Rollenspielen können Sie auch zu Konstruktionsspielen einen Spielplan entwerfen. So können Sie beispielsweise in mehreren Bildern aufmalen, wie zunächst die Teile einer Brio-Bahn (oder Duplo-Steine für ein Haus oder eine Polizeistation etc.) sortiert werden, wie die Bahn aufgebaut wird und wie sie schließlich einige Runden fährt. Auf dem letzten Bild könnten Sie aufzeichnen, wie die Spielmaterialien wieder eingeräumt werden.

Wenn Sie während des Spieltrainings ein Regelspiel spielen möchten, sollten Sie vor dem Spiel noch einmal mit Ihrem Kind genau die Regeln durchgehen (oder ggf. auch neue festlegen).

? *Wie könnte Ihr Spielplan aussehen?*

5. Spielen Sie den Spielplan durch und stellen Sie im Folgenden, wenn nötig, eine Verhaltensregel auf.

Spielen Sie nun jeweils mit Ihrem Kind so, wie Sie es in dem Spielplan durchgesprochen haben. Wenn irgendetwas hierbei Ihrem Kind besonders schwerfällt, es etwa immer wieder vom eigentlichen Spielort wegläuft, plötzlich aufsteht, viele Spielsachen herunterfallen lässt oder Ihnen z. B. provokativ keine Spielsachen abgeben möchte, ist es häufig günstig, zusätzlich zu den eigentlichen Spielregeln bzw. dem aufgestellten Plan eine Verhaltensregel aufzustellen, um dem Kind zu helfen, in ein intensives und ausdauerndes Spiel zu finden. Verhaltensregeln können z. B. sein:

- „Versuche, bis zum Ende des Spiels auf dem Stuhl sitzen zu bleiben."
- „Versuche, jetzt einmal nichts fallen zu lassen."
- „Versuche, darauf zu achten, wann du an der Reihe bist."

6. Spielen Sie „richtig" mit.

Indem Sie sich richtig in Ihre Rolle im Spiel begeben und diese – bei einem Rollenspiel – etwa mit einer veränderten Stimme sprechen, gestalten Sie das Spiel automatisch deutlich interessanter für Ihr Kind und Ihr Kind ist animiert, die Geschichte auch weiterzuspielen.

7. Loben Sie Ihr Kind zwischendurch und besonders, nachdem Sie den Plan „durchgespielt“ haben
Loben Sie Ihr Kind regelmäßig während des Spieltrainings, wenn es die spezielle Verhaltensregel einhält, aber auch, wenn es ihm gelingt, die Bilder auf dem Plan weiterzuverfolgen oder auch, wenn es einen guten spielbezogenen Einfall umsetzt („Prima!“, „Du sitzt jetzt schon ganz lange auf deinem Stuhl!“ oder „Wow, ich freue mich total, dass du mir jetzt auch Servietten für meinen Kindergeburtstag gebastelt hast!“). Bedenken Sie, dass es im Spieltraining in erster Linie darum geht, dass Ihr Kind ausdauernd spielt, nicht um herausragende Spielergebnisse (z.B. ein besonders großes Duplo-Haus). Loben Sie daher nicht hauptsächlich das Spielergebnis („tolles Haus“), sondern vor allem das Spielverhalten („Du warst heute richtig lange beim Spiel.“).

8. Führen Sie bei Bedarf eine Punkte-Schlange oder einen Wettkampf um lachende Gesichter ein.
Manchmal kann es hilfreich sein, während des Spieltrainings eine Punkte-Schlange oder einen Wettkampf um lachende Gesichter durchzuführen, um Ihr Kind dabei zu unterstützen, eine bestimmte Verhaltensregel einzuhalten. Überlegen Sie, ob eine solche Maßnahme für Ihr Kind hilfreich ist und wie Sie sie durchführen können. Falls Sie einen Belohnungsplan im Spieltraining einsetzen möchten, lesen Sie das Vorgehen noch einmal in Baustein 7 nach.

9. Führen Sie Ihr Kind zum Spiel zurück, wenn es abgelenkt wird oder wenn es das Spiel unterbricht.
Wenn Ihr Kind vom Spiel abgelenkt wird, sprechen Sie es mit ruhiger Stimme an und führen Sie es wieder zurück zum Spiel (z.B. „Was kommt jetzt? Schau doch noch mal auf den Plan!“). Reagiert Ihr Kind nicht sofort darauf, handeln Sie – nehmen Sie z.B. Ihr Kind an die Hand und bringen Sie es zum Spiel zurück, drehen Sie den Kopf Ihres Kindes behutsam zum Spielgeschehen bzw. zum Plan oder legen Sie den Arm um Ihr Kind, wenn es versucht, aufzustehen. Sie sollten dabei viel Geduld aufbringen und auf keinen Fall aus der Haut fahren. Wenn Sie während eines Spieltrainings merken, dass es Ihnen schwerfällt, ruhig zu bleiben, beenden Sie dieses besser vorzeitig.

10. Achten Sie darauf, dass das Spieltraining Spaß macht.
Oberstes Gebot ist auch für ein Spieltraining, dass das Spiel Ihrem Kind Spaß macht und dass es auch spontane Ideen verwirklichen kann. Die Spontaneität sollte jedoch nicht zur Sprunghaftigkeit werden, und das Kind soll auch lernen, sich an bestimmte Spielregeln zu halten.

11. Vermindern Sie mit der Zeit Ihre Hilfestellungen und steigern Sie die Anforderungen.
Wenn Ihr Kind mit Ihnen gemeinsam bereits gelernt hat, intensiver und ausdauernder Spiele und Beschäftigungen durchzuführen, können Sie langsam damit beginnen, einzelne Hilfestellungen zu vermindern. Vor allem ist es wichtig, dass Sie jene Hilfestellungen zurücknehmen, mit denen Sie von außen das Kind sehr stark steuern. Das sind vor allem:

- das Zurückführen des Kindes zum Spiel,
- das fortlaufende Mitspielen und
- das sehr häufige Loben des Kindes.

Stattdessen sollten Sie

- stärker vor Beginn des Spiels einen Plan, Ziele und Regeln des Spiels besprechen,
- gegebenenfalls Verhaltensregeln absprechen und
- Belohnungen durch eine Punkte-Schlange für erfolgreiche Spielabschnitte beibehalten, einen bestehenden Wettkampf um lachende Gesichter (mit Punkteentzug für unerwünschtes Verhalten) jedoch möglichst ausblenden.

Zur Steigerung der Anforderungen an Ihr Kind während des Spieltrainings können Sie beispielsweise längere Spielzeiten oder Spiele und Beschäftigungen einführen, die höhere Anforderungen an die Konzentration und Ausdauer des Kindes stellen (z. B. längere Brettspiele). Sie können auch versuchen, Geschwister in die Spielstunde mit einzubeziehen oder sich selbst stärker zurückzuziehen, indem Sie beispielsweise während des Spieltrainings zwar im Raum anwesend sind, dabei aber sich selbst mit etwas anderem beschäftigen.

Memokarte 7 (Seite 1) **Baustein 8**

Spieltraining

1. Welche Spiele eignen sich für das Spieltraining?
   Kuchen backen in der Spielküche, einkaufen spielen, ggf. später Regelspiele
2. Am Spieltraining dürfen zunächst keine anderen Kinder teilnehmen.
3. Wann findet das Spieltraining statt?
   Donnerstags vor dem Abendessen
4. Machen Sie gemeinsam mit Ihrem Kind einen interessanten Plan, was und wie gespielt wird, und zeichnen Sie die Spielschritte auf ein Blatt.
5. Spielen Sie den Spielplan durch und stellen Sie im Folgenden, wenn nötig, eine Verhaltensregel auf.
6. Spielen Sie „richtig" mit.
7. Loben Sie Ihr Kind zwischendurch und besonders, nachdem Sie den Plan „durchgespielt" haben.
8. Führen Sie bei Bedarf eine Punkte-Schlange oder einen Wettkampf um lachende Gesichter ein.
9. Führen Sie Ihr Kind zum Spiel zurück, wenn es abgelenkt wird oder wenn es das Spiel unterbricht.
10. Achten Sie darauf, dass das Spieltraining Spaß macht.
11. Vermindern Sie mit der Zeit Ihre Hilfestellungen und steigern Sie die Anforderungen.

Memokarte 7 (Seite 2) **Baustein 8**

Spieltraining (Protokoll)

Datum	Dauer	Was wurde gespielt?	Hinweise von der Memokarte eingehalten? Bemerkungen:
05.06.	*20 Minuten*	*Kuchen backen*	*Wir haben etwas zu lang gebraucht, um den Plan zu malen, da Paul gerne vieles selbst malen wollte, und hatten dann wenig Zeit, um den Plan auch durchzuspielen – wir konnten vereinbaren, ihn beim nächsten Mal noch einmal durchzuspielen!*
12.06.	*20 Minuten*	*Kuchen backen*	*Wir haben an den „alten" Plan angeknüpft und ihn diesmal ausführlich durchgespielt; Paul hatte Freude am Spiel und konnte dem Plan gut folgen.*
19.06.	*20 Minuten*	*Einkaufen*	*Wir wurden einmal durch einen Anruf unterbrochen, Paul hat aber durch den Plan gut ins Spiel zurückgefunden und hatte Freude am Spiel.*

Abbildung 18:
Spieltraining (Memokarte 7)

Nehmen Sie sich *Memokarte 7: Spieltraining* (siehe Abbildung 18) zur Hand und überlegen Sie, welche Spiele Sie während des Spieltrainings spielen könnten und wann Sie das Spieltraining regelmäßig durchführen können. Notieren Sie Ihre Ideen auf der Memokarte und protokollieren Sie auf der zweiten Seite der Memokarte in der nächsten Zeit Ihre Erfahrungen.

Achten Sie unbedingt darauf, dass Sie das Spieltraining regelmäßig durchführen. Nur dann werden Sie damit Ihrem Kind helfen können.

Das Spieltraining klingt einfach, ist aber oftmals schwierig durchzuführen. Es wird nicht von Anfang an reibungslos laufen und Ihnen wird, wie den meisten Eltern, nicht alles gelingen. Bleiben Sie am Ball, mit ein bisschen Übung wird es Ihnen sicherlich gelingen, Ihr Kind bei einem ausdauernden Spiel zu unterstützen!

Platz für Ihre Bemerkungen/Fragen:

Memokarte 6 (Seite 1) **Baustein 8**

Unterstützen Sie Ihr Kind beim alltäglichen Spielen

1. Organisieren Sie das Spielzeug Ihres Kindes sinnvoll und wählen Sie günstige Spiele aus: „Weniger ist mehr!"
   Wie können Sie das Spielzeug sinnvoll organisieren? Welche Spielmaterialien halten Sie für günstig?
   ___
   ___
2. Richten Sie klare Spielorte für Ihr Kind ein, aber bleiben Sie dabei flexibel.
   Welche Orte eignen sich als Spielort für Ihr Kind?
   ___
   ___
3. Helfen Sie Ihrem Kind, ein Spiel zu beginnen.
   Wie können Sie dies tun?
   ___
   ___
4. Zeigen Sie Interesse am Spiel Ihres Kindes oder steigen Sie kurz in das Spiel ein.
   Wie können Sie Ihrem Kind Interesse zeigen?
   ___
   ___
5. Achten Sie auch beim Spiel besonders darauf, Ihr Kind häufig zu ermutigen und zu bestärken.
   Wie schaffen Sie es, Ihr Kind zu ermutigen?
   ___
   ___
6. Regen Sie Ihr Kind an, beim Spiel auftretende Probleme selbst zu lösen.
   Wie können Sie dies tun?
   ___
   ___

Memokarte 6 (Seite 2) **Baustein 8**

Unterstützen Sie Ihr Kind beim alltäglichen Spielen (Protokoll)

Datum	Wann ist es Ihnen heute gelungen, Ihr Kind beim selbstständigen oder gemeinsamen Spiel zu unterstützen?	Wie ist Ihnen dies gelungen? Was haben Sie gemacht?

Memokarte 7 (Seite 1)

Baustein 8

Spieltraining

1. Welche Spiele eignen sich für das Spieltraining?

____

____

____

____

2. Am Spieltraining dürfen zunächst keine anderen Kinder teilnehmen.

3. Wann findet das Spieltraining statt?

____

____

4. Machen Sie gemeinsam mit Ihrem Kind einen interessanten Plan, was und wie gespielt wird, und zeichnen Sie die Spielschritte auf ein Blatt.

5. Spielen Sie den Spielplan durch und stellen Sie im Folgenden, wenn nötig, eine Verhaltensregel auf.

6. Spielen Sie „richtig“ mit.

7. Loben Sie Ihr Kind zwischendurch und besonders, nachdem Sie den Plan „durchgespielt“ haben.

8. Führen Sie bei Bedarf eine Punkte-Schlange oder einen Wettkampf um lachende Gesichter ein.

9. Führen Sie Ihr Kind zum Spiel zurück, wenn es abgelenkt wird oder wenn es das Spiel unterbricht.

10. Achten Sie darauf, dass das Spieltraining Spaß macht.

11. Vermindern Sie mit der Zeit Ihre Hilfestellungen und steigern Sie die Anforderungen.

Memokarte 7 (Seite 2) **Baustein 8**

Spieltraining (Protokoll)

Datum	Dauer	Was wurde gespielt?	Hinweise von der Memokarte eingehalten? Bemerkungen:

© Klaus Gehrmann

Hinweise zu den Online-Materialien

Sie können die in diesem Arbeitsbuch abgedruckten Materialien über unsere Internetseite abrufen und ausdrucken. Nutzen Sie dazu bitte den Link hgf.io/download und melden Sie sich nach den dort beschriebenen Schritten an. Wenn Sie nach der Registrierung den Code B-2LBXGD unter „Mein Konto → Zusatzmaterialien“ im Eingabefeld einfügen, werden Sie automatisch in den Downloadbereich weitergeleitet und können die Online-Materialien zum Buch ausdrucken. Um die Materialien dauerhaft im direkten Zugriff zu haben, empfehlen wir Ihnen, sich die gesamten Materialien herunterzuladen und auf dem eigenen Rechner zu speichern.

Unsere Buchtipps

Manfred Döpfner / Jan Frölich / Tanja Wolff Metternich-Kaizman
Ratgeber ADHS
Informationen für Betroffene, Eltern, Lehrer und Erzieher zu Aufmerksamkeitsdefizit-/Hyperaktivitätsstörungen

(Reihe: „Ratgeber Kinder- und Jugendpsychotherapie“, Bd. 1)
3., akt. Auflage 2019,
56 Seiten, Kleinformat,
€ 7,95 (DE) / € 8,20 (AT) /
CHF 10.90
ISBN 978-3-8017-3015-4
Auch als eBook erhältlich

Aufmerksamkeits- und Konzentrationsschwächen, impulsives Verhalten sowie körperliche Unruhe sind Kennzeichen von Kindern und Jugendlichen mit einer Aufmerksamkeitsdefizit-/Hyperaktivitätsstörung (ADHS). Die Neuauflage des Ratgebers informiert über die Erscheinungsformen, die Ursachen, den Verlauf und die Behandlungsmöglichkeiten von ADHS.

Franz Petermann / Manfred Döpfner / Anja Görtz-Dorten
Ratgeber aggressives und oppositionelles Verhalten bei Kindern
Informationen für Betroffene, Eltern, Lehrer und Erzieher

(Reihe: „Ratgeber Kinder- und Jugendpsychotherapie“, Bd. 3)
3., überarb. Auflage 2016,
47 Seiten, Kleinformat,
€ 8,95 (DE) / € 9,20 (AT) /
CHF 11.90
ISBN 978-3-8017-2649-2
Auch als eBook erhältlich

Der Ratgeber informiert über die Erscheinungsformen, Ursachen und die Behandlungsmöglichkeiten aggressiven und oppositionellen Verhaltens. Er liefert Informationen dazu, in welchen Fällen es ratsam ist, psychotherapeutische Hilfe in Anspruch zu nehmen und gibt Kindern Tipps, wie sie selbst ihr aggressives Verhalten in den Griff bekommen können.

Dörte Grasmann / Tanja Legenbauer / Martin Holtmann
Wütend, traurig und gereizt
Informationen zur Emotionsregulation für Betroffene, Eltern, Lehrer und Erzieher

(Reihe: „Ratgeber Kinder- und Jugendpsychotherapie“, Bd. 22). 2018,
53 Seiten, Kleinformat,
€ 8,95 (DE) / € 9,20 (AT) /
CHF 11.90
ISBN 978-3-8017-2511-2
Auch als eBook erhältlich

Der Ratgeber zeigt auf, woran man Störungen der Emotionsregulation erkennen kann und wie sie sich von entwicklungstypischen Verhaltensweisen und anderen psychischen Störungen abgrenzen lassen. Er gibt Eltern, Erziehern und Lehrkräften zahlreiche Hinweise zum Umgang mit den Schwierigkeiten in Familie und Schule an die Hand. Kinder und Jugendliche erhalten konkrete Tipps dazu, wie sie ihre starken Stimmungsschwankungen in den Griff bekommen und ihre eigenen Gefühle besser kontrollieren können.

Ruth Huggenberger
ADHS in der Familie
Strategien für den Alltag

2019, 256 Seiten,
24,95 (DE) / € 25,70 (AT) /
CHF 35.90
ISBN 978-3-456-85798-5
Auch als eBook erhältlich

Wird bei einem Kind die Diagnose ADHS gestellt, sind die Eltern oft erleichtert. Sie haben nun die Gewissheit, dass die „Andersartigkeit“ ihres Kindes einen Namen hat. Doch wie geht es nun weiter? Die Psychotherapeutin Ruth Huggenberger liefert konkrete Anregungen und Ratschläge, die Eltern von ADHS-betroffenen Kindern helfen, anhand von adäquaten Strategien das gesamte Familiensystem zu entlasten.

www.hogrefe.com

hogrefe